AF194232

Mª Victoria Romero Hidalgo

ATRÉVETE A BUSCAR

Una propuesta de crecimiento personal y espiritual

NARCEA, S.A. DE EDICIONES

© NARCEA, S.A. DE EDICIONES
Paseo Imperial 53-55. 28005 Madrid. España
www.narceaediciones.es

Imagen de la cubierta: Nani Castellanos Baena

ISBN papel: 978-84-277-3199-8
ISBN ePdf: 978-84-277-3200-1
ISBN ePub: 978-84-277-3201-8
Depósito legal: M-18435-2024

Impreso en España. Printed in Spain

ÍNDICE

PRÓLOGO

«Es todo un desafío» son las palabras con las que empieza este nuevo libro de Mª Victoria. «Sí que lo es», pensé yo a la hora de aceptar escribir su prólogo.

Yo la conocí a finales del siglo pasado –tantos años ya– cuando empezamos a estudiar Psicología. Si no recuerdo mal, me acerqué a ella porque yo acababa de cambiar de asignatura, y necesitaba los apuntes. Ella, al contrario que otra persona a la que pregunté primero, me los dejó. Y así empezamos a conocernos.

Y de llegar a conocer y conocerse trata este libro.

Mientras que, en una obra previa, *Aprendiz de mí*, nos propuso una serie de recursos, propuestas y herramientas para conocernos e interactuar mejor con los demás, en este caso su propuesta es para conocerse e interactuar mejor con uno mismo, respondiendo a la aparentemente sencilla pregunta de quién soy yo.

¿Cómo nos propone que lo consigamos? Mediante el recorrido por nuestro yo interior, ese «hogar habitado donde convivimos con una historia, un presente y un futuro» del que nos habla Mª Victoria. No deja de parecerme curioso que me resulte una especie de regla mnemotécnica del lugar –palacio de la memoria– pero al revés: no, como sugiere la técnica, crear en nuestra mente un espacio físico –una casa, por ejemplo–, en la que ir «colocando/guardando» aquellas «cosas» que tenemos que aprender y/o no queremos olvidar, sino recorrer la casa mental, ese hogar habitado del que nos habla Mª Victoria, que hemos ido creando durante nuestra vida, para ir completando nuestro conocimiento sobre nosotros mismos.

Este recorrido no deja de ser una búsqueda de lo que fuimos y seremos –esperamos ser realmente– de la clave de nuestra esencia. Para ayudarnos, Mª Victoria estructura el libro en una serie de capítulos y, al final de cada uno, nos presenta las cuatro mismas secciones: «Para reflexionar»; «Una pincelada de fe»; una serie de «Cuestiones» y «Mis notas» que nos pueden ayudar a recoger la experiencia personal. Y respondernos, si nos atrevemos. Porque para esta búsqueda hay que atreverse, como alude el título y bien nos indica la autora en la «Introducción».

En los dos primeros capítulos, nos habla de qué aspectos son determinantes para este recorrido, aspectos que además nos sirven para entender los bloques siguientes. En el capítulo «Hacia adentro» aparece un punto primordial de nuestra naturaleza como es la fe y lo que implica en nuestra vida. En el siguiente capítulo, «Un pasito adelante», nos presenta cuatro dimensiones que nos servirán de guía en nuestro proceso de conocimiento. En concreto, nuestros afectos, nuestro físico, nuestros iguales, y nuestra inteligencia. Con estas herramientas, estamos listos para empezar, como vemos en el tercero, «Entrando».

Y en los siguientes capítulos nos va desgranando esa visita, en este caso personalizándola. Nos va contando sus recuerdos y vivencias de la niña –«Hall» y «Primera habitación»–, adolescente –«Segunda habitación»–, y joven –«Habitación luminosa»–. En cada una de las tres primeras etapas, las pasadas, de su historia y de su búsqueda, la autora nos va guiando en la búsqueda de quiénes fuimos, con paciencia, reflexionando en distintos puntos sobre la importancia de los afectos, el físico, los iguales, y cómo no dejan de estar relacionados unos con otros.

En el capítulo final –«Última habitación»– nos presenta a la mujer que será en un par de décadas. Es en este punto cuando nos lleva de vuelta a la fe, que ya había comentado en «Hacia dentro». Y es aquí donde la búsqueda adquiere su sentido. La pregunta inicial obtiene respuestas, que nos acompañan de vuelta a la puerta de entrada, que ahora es salida.

Por último, solo añadir que, con este libro, Mª Victoria no solo hace que nos planteemos de manera reflexiva –y no por ello menos apasionada– quiénes somos, sino que nos da herramientas para respondernos. Su aproximación, propuesta como una búsqueda atrevida y personalizada, nos proporciona una sólida guía para no perdemos. O poder volver si lo hacemos. Porque, aunque no sea siempre sencillo, sigue mereciendo la pena.

CONCHI CASTELLANOS
Amiga de Victoria desde décadas pasadas y, actualmente, investigadora postdoctoral en el Departamento de Psicología Experimental de la UGR
Granada, a 19 de abril de 2024

INTRODUCCIÓN

Es todo un desafío. Un guante que se lanza con el que retar a la sabiduría. En este caso, de nosotros mismos. Inspirada en esa locución latina *Sapere aude* (atrévete a saber), es una provocación para conocernos. Detenemos y mirarnos por dentro. Quien primero la expresa es Horacio, en el siglo I a.C., en su *Epistularum liber primus*: «*Dimidium facti, qui coepit, habet: sapere aude, incipe*» (Quien ha comenzado, ya ha hecho la mitad: atrévete a saber, empieza).

Buscar, según la Real Academia Española, es hacer algo para hallar a alguien o algo; y, en su segunda acepción, hacer lo necesario para conseguir algo[1]. Si te has arriesgado a abrir estas páginas y adentrarte en ellas, tienes voluntad y capacidad para buscar y para pensar; unas funciones impor-

---

[1] https://dle.rae.es/buscar

tantísimas en el ser humano que nos distinguen del resto de animales. Capacidad, porque somos seres inteligentes, dotados de discernimiento, entendimiento y previsión. Voluntad, porque estamos tejidos de deseos. Sabemos lo que queremos, y podemos crear medios para conseguirlo.

Te animo a leer, pero más aún, a reflexionar. A dejarte tocar por cada palabra. Que te acaricie y penetre en tu intimidad. Que te ayude a contrastarte. A tratarte en verdad, respeto y mucho amor. A mirarte con inquietud por conocerte. Sin perfeccionismos ni pesimismo. Buscándote con mimo, curiosidad, propósito de aprender y crecer. Sin juzgarte ni recriminarte. Acogiéndote como eres.

El conocimiento personal entraña más dificultad que cualquier área del saber. Precisa, en principio, de humildad, que no hay que confundir con humillación. La palabra procede de un término latino: *humus*. Se refiere a la capa superficial de la tierra, entre un color marrón oscuro y negro; la más rica de los nutrientes. El lugar donde se encuentran los sedimentos más importantes; los que cuesta mucho tiempo que aparezcan. Un estrato importante, en el que se desarrollan las plantas, y donde nos podemos desplegar cuando buscamos lo mejor de nosotros mismos. Descender a nuestra materia, a nuestro ser existencial y hacerlo en humildad.

Santa Teresa escribía en su libro de Las Moradas:

«Una vez estaba yo considerando por qué Nuestro Señor era tan amigo de esta virtud de la humildad, y

 © narcea, s. a. de ediciones

se me puso delante esto, a mi parecer sin considerarlo sino de repente, que es porque Dios es suma Verdad y la humildad es andar en verdad (6M10,7)»[2].

Y en el libro de la Vida:

«(...) *y así entendí qué cosa es andar en verdad delante de la misma Verdad (V40,3)»*[3].

Aceptando lo que somos y cómo somos. Acogiendo el barro en que estamos modelados; las grietas que lo caracterizan y nos desvelan nuestras imperfecciones; la sequedad de algunas zonas por la exposición al sol del cansancio, de las incertidumbres o de los miedos. Abrazando las ranuras que se han ido creando por los envites de la vida, y la acometida de las relaciones.

Todo esto ha hecho que nuestra materia sea la que es. De primera calidad. No somos una pieza perfecta, y ahí está nuestra grandeza. En nuestra imperfección se esconde el verdadero tesoro; el que nos impulsa cada día a superarnos, a crecer, a mejorar; a cambiar para ser la mejor versión de nosotros mismos.

Estas páginas son solo una oportunidad. No hay recetas ni pautas infalibles porque atentaría contra nuestra originalidad. Pero a la vez, se pueden encontrar claves en nuestra humanidad com-

---

[2] ELENA CENIT MOLINA, *El Castillo Interior o las Moradas de Santa Teresa de Jesús*, Autoedición, Granada 2015, 196.

[3] SANTA TERESA DE JESÚS, *El libro de la vida*, Editorial de Espiritualidad, Madrid 2012, 440.

partida, para esponjarnos, provocarnos y lanzarnos a la aventura de buscarnos y de conocernos.

Adelante con el camino. No corras. Contempla, escucha y ama.

_____ 🔲 PARA REFLEXIONAR⁴ 🔲 _____

«En cierta ocasión le decía Pu Shang a Confucio:

—"¿Qué clase de sabio eres tú, que te atreves a decir que Yen Hui te supera en honradez; que Tuan Mu Tsu es superior a ti a la hora de explicar las cosas; que Chung Yu es más valeroso que tú; y que Chuan Sun es más elegante que tú?".

En su ansia por obtener respuesta, Pu Shang casi se cae de la tarima en la que estaban sentados.

—"Si todo eso es cierto –añadió– entonces, ¿por qué los cuatro son discípulos tuyos?".

Confucio respondió:

—"Quédate donde estás. Te lo diré. Yen Hui sabe cómo ser honrado, pero no sabe cómo ser flexible. Tuan Mu Tsu sabe cómo explicar las cosas, pero no sabe dar un simple 'sí' o un 'no' por respuesta. Chung Yu sabe cómo ser valeroso, pero no sabe ser prudente. Chuan Sun sabe cómo ser elegante, pero no sabe cómo ser modesto. Por eso los cuatro están contentos de estudiar conmigo"».

....

⁴ ANTHONY DE MELLO, *El canto del pájaro*, Sal Terrae, Santander 1996, 202-203.

UNA PINCELADA DE FE

« Entonces Yahvé Dios modeló al hombre
con polvo del suelo, e insufló
en sus narices aliento de vida,
y resultó el hombre un ser viviente »
(Gn2,7).

Este segundo relato de la creación del hombre nos ayuda a profundizar en lo que hemos ido exponiendo. Se conoce como el relato de la tradición yahvista. En palabras de san Juan Pablo II:

« El segundo relato de la creación del hombre (vinculado a la presentación tanto de la inocencia y felicidad originales, como a la primera caída) tiene un carácter diverso por su naturaleza. Aún no queriendo anticipar los detalles de esta narración –porque nos convendrá retornar a ellos en análisis ulteriores– debemos constatar que todo el texto, al formular la verdad sobre el hombre, nos sorprende con su profundidad típica, distinta de la del primer capítulo del Génesis.

Se puede decir que es una profundidad de naturaleza sobre todo subjetiva y, por lo tanto, en cierto sentido, psicológica. El capítulo 2 del Génesis constituye, en cierto modo, la más antigua descripción registrada de la autocomprensión del hombre y, junto con el capítulo 3, es el primer testimonio de la conciencia humana.

Con una reflexión profunda sobre este texto a través de toda la forma arcaica de la narración, que manifiesta su primitivo carácter mítico encontramos allí "in núcleo" casi todos los elementos del análisis del hombre, a los que es tan sensible la antropología filosófica moderna y sobre todo la contemporánea.

Se podría decir que el Génesis 2 presenta la creación del hombre especialmente en el aspecto de la subjetividad. Confrontando a la vez ambos relatos, llegamos a la convicción de que esta subjetividad corresponde a la realidad objetiva del hombre creado "a imagen de Dios". E incluso este hecho es –de otro modo– importante para la teología del cuerpo, como veremos en los análisis siguientes»[5].

El ser humano no se da la vida a si mismo. En este relato leemos una creación mítica, llena de belleza, exclusividad, dedicación e intencionalidad. Dios pone toda su maestría en la creación del ser humano. La vida humana está escrita en el plan de Dios desde siempre. Cada ser humano está soñado en las entrañas de un Dios de Vida que nos regala su Vida. Su aliento hace de una figura modelada por el polvo del suelo, por el humus de la tierra, un ser viviente. Lleno de vida y llamado a dar vida en lo que es, piensa, siente y hace.

Modelar es dar forma, contorno, expresar una realidad. El alfarero entre sus manos va creando según su pensamiento, su sentimiento y su voluntad, el ideal de su creación. Dios nos ha dado vida acariciándonos entre sus manos, pensando en la originalidad de su criatura, y amándola con pasión.

Le ha dado aliento de vida. Dios asume aquí rasgos antropomórficos. Una respiración que es señal de existencia. Nos ha dado su aliento para que viva-

---

[5] https://www.vatican.va/content/john-paul-ii/es/audiences/1979/documents/hf_jp-ii_aud_19790919.html

mos. Somos seres vivos porque respiramos. El aire nos recorre y nos hace seres vivientes. Vida que no nos damos. Que es un don. Que es divina y humana. De Dios y del polvo de la tierra. Que nos diviniza y nos humaniza.

«Ser creados a imagen de Dios significa, por tanto, que poseemos un valor sagrado en nuestro interior que trasciende toda distinción sexual, social, política, cultural y religiosa. Nuestra dignidad nos es conferida, no es pretendida ni merecida. Todo ser humano es amado y querido por Dios por sí mismo y, por tanto, es inviolable en su dignidad»[6].

Un relato que nos invita a la reflexión, a profundizar, a interpretar y analizar su sentido personal, porque todo texto de la Biblia es Palabra Viva en nuestras vidas, que estamos llamados a entender a la luz de la fe y de nuestro momento histórico.

---

[6] Declaración del Dicasterio para la Doctrina de la Fe *Dignitas infinita sobre la dignidad humana*, nº 11.
https://press.vatican.va/content/salastampa/es/bollettinopubblico/2024/04/08/080424c.html

HACIA ADENTRO

Es todo un privilegio tener unos días para pararse, buscar el silencio y desconectar. Una desvinculación del mundo social y virtual, tantas veces absorbente, distorsionado y líquido en el que nos desenvolvemos. Detener ese entramado de prisa, consumo, egoísmos y supervivencias. Y bajarse para encontrar las raíces de la vida.

Este año, providencialmente, el teléfono móvil se me estropeó. En otras circunstancias me hubiera agobiado, preocupado y buscado rápidamente una solución. Maravillosamente, en este contexto, el celular cayó en una relativización absoluta, para poder absolutizar una comunicación auténtica y vital.

El marco de toda esta escena son unos Ejercicios Espirituales, pero quisiera que mis reflexiones tocaran el centro de las dimensiones de todo ser humano. No se trata solo de un asunto de fe, sino de vida, aunque paradójicamente, no hay vida sin fe, aunque no se sea creyente en sentido religioso.

Una fe que tiene distintas perspectivas. Por una parte, la fe como conocimiento. Creemos por lo que otros nos han enseñado. No tenemos que hacer comprobaciones de la realidad y del mundo que nos rodea para aceptar todo lo que se nos ha transmitido. Nos fiamos de lo que otros nos han dicho. Y desde esa fe, avanzamos y nos desarrollamos.

Por otra parte, es una fe práctica y libre. Decidimos en nuestro día a día, aceptar aquello que no controlamos, pero que necesitamos para vivir.

Creemos que nos levantaremos al día siguiente, sin evidencia alguna; que nuestra pareja o nuestras amistades son fieles, aunque no conozcamos todo lo que hacen y con quién se relacionan; que lo que comemos está en buenas condiciones, aunque no sepamos nada de su elaboración o procedencia; que el coche nos llevará al trabajo, y no se estropeará; o que el conductor de autobús nos dejará en nuestro destino, y no en otro lugar. Todo son actos de fe.

La fe es un elemento central en nuestra vida, que nos ayuda a superar miedos y a realizarnos como personas. Pensemos por un momento en nuestro despertar por la mañana, lleno de proyectos y de encuentros. Todo sustentado en una creencia de la que no tenemos ninguna garantía, pero que deseamos poder llevar a término durante la jornada.

Finalmente, la fe es una virtud, una gracia, que nos lleva más allá de nuestras limitaciones y nos acerca a Dios. Nos ayuda a descubrir el paso de Dios en nuestra historia y en nuestro momento vital.

Somos seres creyentes porque nuestra limitación nos propone una alternativa: proyectarnos en lo que desconocemos y en un tiempo que no existe, porque aún no lo hemos vivido. Creemos porque, si no, nos moriríamos. El presente es lo único cierto y quedarnos en él atrapados, nos angustiaría y nos asfixiaría. Estamos hechos para ir siempre más allá. Para alejarnos de nuestra zona de confort. Para romper límites, derribar fronteras y lanzarnos a un horizonte por descubrir.

La fe forma parte de nosotros, y nos conforma en nuestro ser persona. No es algo tangible ni comprobable, pero es real. Todos la compartimos. Y es parte de lo que somos y lo que seremos. Estamos llamados a descubrirla, conocerla y potenciarla. A construir con su técnica, y a soñar sin metas. Es transversal a todas las demás esferas de la persona que, quizás, estén más valoradas porque les prestamos más atención o, sencillamente, por el desconocimiento de ésta.

Voy a ir desgranando un poco todas y cada una de nuestras dimensiones, de una forma sencilla, para invitar a personalizarlas en nuestra historia. A situarnos ante ellas con el realismo de la humildad, y dejarnos envolver por cada una, en el calor y color que nos regalen. Sin querer condicionar, manipular o controlar nada.

Me iré deteniendo un poco en todas, e iré haciendo propuestas sencillas que nos ayuden a crecer; como quien va recorriendo un espacio interior desconocido, sombrío y enigmático. Un reto y una tarea. Un don y una misión. Un desafío y una esperanza.

▣ PARA REFLEXIONAR ▣

«Un maestro estaba explicando en clase los inventos modernos.

—"¿Quién de vosotros puede mencionar algo importante que no existiera hace cincuenta años?", preguntó.

Un avispado rapaz que se hallaba en la primera fila levantó rápidamente la mano y dijo:

—"¡Yo!"»[1].

....

⤳ UNA PINCELADA DE FE ⤳

«*Jesús se volvió y, al ver que le seguían, les preguntó: "¿Qué buscáis?"*»
(Jn 1,38).

Es la pregunta con la que iniciar este recorrido. Todo empieza con una búsqueda. El deseo de encontrar y de ser encontrado. De hallar respuestas a nuestras inquietudes.

Buscar es señal de inconformismo, de dinamismo y de insatisfacción. Nos impulsa a salir, a lanzarnos a la aventura de conocer, y en este caso, de conocernos. Necesitamos una provocación que nos despierte de nuestras comodidades. De nues-

---

[1] ANTHONY DE MELLO, *La oración de la rana I*, Sal Terrae, Santander 1988, 177.

tras somnolencias. De nuestras satisfacciones. Liberarnos de las cadenas que nos atrapan, y aprisionan nuestros pensamientos, afectos, relaciones y espiritualidad.

Estamos llamados y creados para rebasar nuestras propias limitaciones y conquistar un mundo lleno de sentido, relaciones equilibradas y deseos de plenitud.

✳ CUESTIONES ✳

✦ *¿Crees que la fe tiene un papel importante en la vida de las personas desde la perspectiva propuesta?*

✦ *¿Cómo afrontas tú el futuro, con la incertidumbre y el riesgo que conlleva el desconocimiento?*

MIS NOTAS 📝

_____

_____

_____

_____

_____

_____

_____

_____

_____

UN PASITO ADELANTE

Nos acercamos al umbral de la puerta de este espacio accesible, pero poco atrayente para quien tiene más dudas que ilusión. Esta decisión de querer entrar requiere una motivación clara. No se llega a esa ubicación de manera casual o accidental.

Nos proponemos adentrarnos donde hay una pregunta que nos envuelve, inquieta, y ante la que buscamos respuestas. Una cuestión central en la vida. Un interrogante que desestabiliza:

«¿Quién soy yo?»

No hay receta para responder. Ni contestaciones en serie. La originalidad y exclusividad la caracteriza. Tampoco la puede resolver nadie distinto de mi yo, aunque pueden ayudar algunas claves en su resolución.

Los griegos en el frontal de la entrada al templo de Apolo en Delfos colocaron una expresión, que todavía hoy, sigue siendo un desafío:

Conócete a ti mismo («γνωθι σεαυτόν»)

También se le ha atribuido a Sócrates esta sentencia:

«*En el* Alcibíades *de Platón, Sócrates conversa con Alcibíades, joven rico cuya belleza y talento eran conocidos en Atenas, así como su gran ambición, acerca de si él se encuentra preparado para dedicarse a la política. En la conversación, Alcibíades se muestra confiado y seguro de aventajar a sus conciudadanos atenienses, aunque también ignorante de conceptos básicos en el arte de la política, como son la justicia o la virtud.*

Entonces Sócrates le dice: "querido amigo, hazme caso a mí y a lo que está escrito en Delfos, 'conócete a ti mismo', porque nuestros rivales son estos y no los que piensas. A ellos no los podremos vencer si no es a través del cuidado de ti mismo y de la técnica"» (Alc. 124 a)[1].

La cuestión sobre el ser ha recorrido la historia de la filosofía y de la humanidad, desde sus inicios. Las distintas tradiciones religiosas también han intentado dar respuesta a esta pregunta con más mito que razón, y más razón que limitación. En la historia del pensamiento español podemos dar un pasito más.

Decía Ortega y Gasset:

---

[1] https://prodavinci.com/socrates-sobre-la-maxima-conocete-a-ti-mismo/

«*Yo soy yo y mis circunstancias, y si cambian mis circunstancias, también cambio yo*»[2].

Nuestro yo es algo único. Las circunstancias lo condicionan y fomentan su exclusividad. El medio en el que vivo me hace ser lo que soy. El tiempo en el que existo me define. Unas circunstancias que no elegimos, sino que acontecen. Es más lo que no decidimos, que por lo que podemos optar. Sin embargo, nuestra capacidad intelectual nos permite analizar esas circunstancias, todo lo que nos rodea, y nos hace ser lo que somos. En el momento en el que le doy sentido a mis circunstancias, y pongo palabras al silencio que me envuelve, en ese instante, estoy salvando las circunstancias, y me estoy salvando yo. Las circunstancias me condicionan, pero también me salvan. No vivo desde la inconsciencia, sino desde la explicación de quien soy en esas circunstancias. Es una invitación a no existir desde la resignación, sino desde la resiliencia. No hacerlo desde la queja o el lamento, sino desde la oportunidad. Las circunstancias son las que son, pero no me tienen que hacer sentir atrapada, sino rebosante de posibilidades. Nos tenemos que hacer responsables de nuestra vida.

Mi ser es algo difícil de atrapar en una definición. No es nada de libro, y sí mucho de misterio. Es una labor apasionante y un gran reto. Una pregunta que nos lanza a la aventura de conocernos, pero también de dejarnos descubrir.

---

[2] De su libro: *Meditaciones del Quijote*. 1914.

No nos conocemos sin afectos

Somos seres con capacidad de amar y ser amados. El amor nos mueve, y nos lleva a hacer grandes heroicidades, como dar la vida por otros. Es centro y fin de nuestra existencia. Principio y fundamento. Origen y destino. No somos capaces de medirlo ni cuantificarlo. No alcanzamos a comprender el precio de la entrega desinteresada. El amor de una madre o un padre por un hijo, por ejemplo. El cariño sincero o la amistad fiel.

Pero también está el desafecto. El odio, el rechazo o el desprecio. Las consecuencias cuando no hay amor son terribles. Los demás se convierten en objetos con los que se puede acabar. Son muchas las atrocidades y crueldades que se cometen por ideales huecos o amores fanáticos.

El amor es cimiento de vida. Venimos a ella por amor, y crecemos entre afectos y enamoramientos. El amor nos hace descubrir el misterio del otro y también el propio. Renunciar a deseos por un bien mayor. Apostar la vida por una persona o una causa humana. Dejarse llevar por un amor a otro lugar o cultura. Escribía San Agustín:

> «*Todo ser humano ama; nadie hay que no ame; pero hay que preguntar qué es lo que ama. No se nos invita a no amar, sino a que elijamos los que hemos de amar. ¿Pero, cómo vamos a elegir si no somos primero elegidos, y cómo vamos a amar si no nos aman primero?*»[3]

---

[3] Del sermón 34. Citado por: @siglodos.

28

No nos conocemos sin aspecto físico

Nuestro rostro nos hace originales. No hay dos caras iguales, aunque pueda parecer. Somos extraordinariamente únicos. Y a la vez desconocemos nuestro aspecto. Solo podemos descubrirlo si nos miramos en un espejo. No sabemos de nuestra apariencia por nosotros mismos.

Lo más sublime es hacerlo a través de la palabra de otro. Que un alter nos diga cómo somos; cómo es nuestro aspecto. Que nos contemple y nos dejemos contemplar para reconocernos seres únicos. El otro es un Tú que me dice quién soy yo.

No nos conocemos en soledad

Somos seres sociales y sociables. Necesitamos de los demás. En nuestro ADN no hay lugar al individualismo, al aislamiento o la autosuficiencia. Podemos caer en ellas, lo que nos alejaría de nuestro verdadero fin en la vida.

No crecemos solos, y no hay nada de lo que somos en lo que no estén involucrados otros. En cuanto pensamos en situaciones concretas, aparecen rostros. Quienes creen que ellos se han hecho a sí mismos; que no necesitan de alguien; que son totalmente autónomos, quizás, lo que sí necesitan, es buscar ayuda para salir de su autoengaño y evitar hacerse daño. En la soledad nos moriríamos.

No nos conocemos sin inteligencia

El ser humano es capaz de pensarse y de pensar. De distinguir aspectos de la realidad y nominarlos. De seleccionar y crear. De transformar y potenciar. De creer y de crear. De pintar y esculpir. De soñar y proyectar. De imaginar y calcular. De razonar y escribir. De diseñar y leer. Y también de destruir y acabar con lo que le rodea. Nuestra inteligencia nos hace superiores a todo lo creado, y a la vez artífices de la destrucción de la creación. Inteligencia para el progreso, y también para la extinción.

Con estas sencillas pinceladas, vamos a ir trazando un camino que desgranaremos de manera sencilla y profunda.

_____ 🔲 PARA REFLEXIONAR⁴ 🔲 _____

«Una mujer estaba agonizando. De pronto, tuvo la sensación de que era llevada al cielo y presentada ante el Tribunal.

— "¿Quién eres?", dijo una voz.

— "Soy la mujer del alcalde", respondió ella.

— "Te he preguntado quién eres, no con quién estás casada".

— "Soy la madre de cuatro hijos".

— "Te he preguntado quién eres, no cuántos hijos tienes".

— "Soy una maestra de escuela".

— "Te he preguntado quién eres, no cuál es tu profesión".

_____

⁴ ANTHONY DE MELLO, O.C.; 191-192.

© narcea, s. a. de ediciones

Y así sucesivamente. Respondiera lo que respondiera, no parecía poder dar una respuesta satisfactoria a la pregunta "¿Quién eres?".

— "Soy una cristiana".

— "Te he preguntado quién eres, no cuál es tu religión".

— "Soy una persona que ha ido todos los días a la iglesia y ayudaba a los pobres y necesitados".

— "Te he preguntado quién eres, no lo que hacías".

Evidentemente, no consiguió pasar el examen, por lo que fue enviada de nuevo a la tierra. Cuando se recuperó de su enfermedad, tomó la determinación de averiguar quién era. Y todo fue diferente».

....

✎ UNA PINCELADA DE FE ✎

«*Este fue el testimonio de Juan, cuando los judíos enviaron desde Jerusalén sacerdotes y levitas a preguntarle: "¿Quién eres tú?"*»
(Jn 1,19).

Una pregunta que genera infinidad de respuestas. Una cuestión que atraviesa la vida en toda su hondura. Un interrogante que solo tiene un destinatario. Nadie puede responder por ti.

Juan Bautista sabe quien no es y cómo su misión lo define. También nosotros, en la contestación nos jugamos el sentido de la vida. Según nos definimos, vivimos. Sabiendo quiénes somos, o cegados por quiénes quisiéramos ser. Viviendo en la autenticidad, o en la apariencia. Es un reto responder a esa pregunta, pero también una necesidad para vivir o mal vivir.

Una pregunta que teje nuestra biografía. Que pinta un ser que desconocemos. Que siembra inquietud y búsquedas. Que grita en el silencio que quiere acallarla. Es una respiración profunda que nos empuja a conocer. Necesitamos satisfacer nuestra incertidumbre vital. Poner palabras a lo que nos crea desasosiego. Vivir con un horizonte definido.

Nuestra historia está llena de preguntas. Algunas ya han encontrado respuesta; otras permanecen en la sombra de la ignorancia. Decir quienes somos es querer atrapar en palabras un infinito, pero a la vez, es acariciar el sueño que nos trajo a esta realidad.

✳ CUESTIONES ✳

✦ *¿Te has preguntado alguna vez: quién soy?*

✦ *¿Crees conocerte? Prueba a analizarte según los apartados subrayados.*

✦ *¿Cómo te planteas profundizar en tu conocimiento personal?*

MIS NOTAS

© narcea, s. a. de ediciones

ENTRANDO

Con decisión y valentía. Con ánimo confiado. Desprendidos de seguridades y certezas. Con el miedo a la espalda, y el reto en el horizonte. Crecemos desde las incertidumbres. Proyectamos nuestras capacidades ante las contradicciones. Desplegamos la resiliencia. Las dificultades no deben ser muros, sino puentes que nos lancen a las orillas de los imposibles y los sueños.

No somos seres que se autolimitan, porque las carencias ya la traemos de serie. Sin embargo, nos rebelamos ante ellas. Nos provocan a superarlas y superarnos. Nos lanzan a lo imposible, a lo increíble y a lo inesperado. Las dificultades son oportunidades más que amenazas. Retos que nos despiertan y zarandean. Ocasiones para apostar por unas capacidades que desconocemos hasta que se ponen en juego.

El camino de la vida está lleno de piedras y combates. De luchas, sobre todo, con nosotros mismos. Dejarnos afectar y tocar en nuestros puntos débiles, para ahuyentar todo atisbo de autosuficiencia, de poder o de ganancia. Descubrir nuestra vulnerabilidad, dependencia y pobreza para caminar en verdad.

Con esas armas nos adentramos en el reto de contrastar una pregunta clave en nuestras existencias. Desde lo que somos y no desde lo que creemos o queremos ser. En nuestra realidad más cierta. En nuestra búsqueda más sincera. Con miedo, pero a la vez con esperanza. Con el temor de quien se siente pequeño, pero con la esperanza de una fe que impulsa y empuja a un mañana desconocido pero querido.

Entramos con inquietud y respeto, con el deseo ardiente de un encuentro con un yo difuminado, y un deseo de descifrarlo. No es fácil el proceso. Es un itinerario lleno de sombras, oscuridades y mentiras. Opacidades que limpiar y transparencias que conquistar. La disposición y la voluntad son dos armas importantes en el combate, en una batalla que nos llevará adonde no sabemos, pero que tampoco tememos.

Nos conocemos más cuando más a la intemperie vivimos. Cuando soltamos el lastre que nos atrapa en el control y la certeza. Cuando nos elevamos de nuestras sombras y temores. Nos descubrimos grandes, abiertos y expectantes. Es una experiencia que nos lanza a lo que está por delante, sin dejarnos seducir por otros tiempos pasados, porque no son mejores, aunque a veces parezcan. También tuvieron sus momentos de dificultad, decepción y sufrimiento. Miramos al horizonte con el yo que somos. Con gratitud por lo que fuimos, pero con la mirada puesta en lo que aún nos queda por aprender.

A partir de este momento el relato lo vamos a personalizar. Cada uno se pone sus zapatillas para comenzar esta escalada hacia el interior en primera persona. Entramos juntos, pero también diferentes y únicos. Cada uno puede escribir su relato junto a este relato. La intención es que este sirva de soporte al que tú, lector, puedas escribir con tu historia.

_____ ☑ PARA REFLEXIONAR[1] ☑ _____

«Cuando se hizo mayor, su padre le dijo:

—"Hijo mío, no todos nacemos con alas. Si bien es cierto que no tienes obligación de volar, creo que sería una pena que te limitaras a caminar teniendo las alas que el buen Dios te ha dado".

—"Pero yo no sé volar" –contestó el hijo.

—"Es verdad… " –dijo el padre. Y caminando, lo llevó hasta el borde del abismo de la montaña.

—"¿Ves, hijo? Este es el vacío. Cuando quieras volar, vas a venir aquí, vas a tomar aire, vas a saltar al abismo y, extendiendo las alas, volarás".

El hijo dudó.

—"¿Y si me caigo?".

—"Aunque te caigas, no morirás. Solo te harás algunos rasguños que te harán más fuerte para el siguiente intento" –contestó el padre.

El hijo volvió al pueblo a ver a sus amigos, a sus compañeros, aquellos con los que había caminado toda la vida. Los más estrechos de mente le dijeron:

_____

[1] JORGE BUCAY, *Déjame que te cuente*, Círculo de Lectores, Barcelona 2002, 88.

—"¿Estás loco? ¿Para qué? Tu padre está medio loco... ¿Para qué necesitas volar?".

Los mejores amigos le aconsejaron: "—¿Y si fuera cierto? ¿No será peligroso? ¿Por qué no empiezas despacio? Prueba a tirarte desde una escalera o desde la copa de un árbol. Pero... ¿desde la cima?".

El joven escuchó el consejo de quienes le querían. Subió a la copa de un árbol y, llenándose de coraje, saltó. Desplegó las alas, las agitó en el aire con todas sus fuerzas, pero, desgraciadamente, se precipitó a tierra.

Con un gran chichón en la frente, se cruzó con su padre.

—"¡Me mentiste! No puedo volar. Lo he probado y ¡mira el golpe que me he dado! No soy como tú. Mis alas solo son de adorno".

—"Hijo mío" –dijo el padre–. "Para volar, hay que crear el espacio de aire libre necesario para que las alas se desplieguen. Es como tirarse en paracaídas: necesitas cierta altura antes de saltar. Para volar hay que empezar asumiendo riesgos. Si no quieres, lo mejor quizá sea resignarse y seguir caminando para siempre"».

....

✑ UNA PINCELADA DE FE ✑

> «Dijo entonces Pedro:
> "¡Ya lo ves, nosotros hemos dejado nuestras cosas
> y te hemos seguido"»
> (Lc18,28).

Pedro ha dejado todo. Ha renunciado a su trabajo. Se ha alejado de su familia. Ha salido de su tierra y de sus seguridades. Se ha lanzado a la aventura del seguimiento. Una escena que contrasta con la previa: el hombre rico. Aquél que se quedó con todas sus riquezas, pero se perdió el reto de encontrarse y dar plenitud a su vida.

Se puede caminar en un constante conformismo. Una somnolencia de personas satisfechas y cómodas, o apostar fuerte por desinstalarnos para conocernos bien. Ponernos en situaciones que nos hagan descubrir lo mejor y no tan bueno de nosotros mismos. Ser como Pedro, asumiendo riesgos para conquistar vida.

Dejar todo aquello que nos impide caminar. Desprendernos del lastre de lo cierto, para adentrarnos en lo que nos aguarda a manifestarse. Tenemos un destino por escribirse. Cada página en blanco se va caligrafiando en cada momento, en cada circunstancia, en cada relación, dificultad o prueba superada.

Dejar para conseguir. Perder para ganar. No podemos aferrarnos al aquí y al ahora, porque se esfuma entre nuestras manos. Se nos escapa. No podemos atrapar el tiempo, pero sí está en nuestra mano invertirlo. Hacer que la vida tenga un horizonte, un sentido y una finalidad. Buscar, buscar sin parar. No permitirnos aceptar las circunstancias que vivimos como definitivas. Todo cambia.

El reto, el atrevimiento, es salir y aventurarse con ilusión y esperanza. No limitar la vida a una actividad, a un trabajo o a unas relaciones. La vida siempre es más. No cansarnos de sembrar inconformismo, deseos de superación e inquietud por mejorar. Solo así se crece, y se ayuda a crecer a otros.

Poner el corazón y la mente en quien puede plenificar nuestros anhelos más profundos porque tenemos sed de infinito. De más allá. De Vida sin dolor. Y seguir a quien nos lo ofrece. No se deja ganar en generosidad.

Ningún día es igual. Ni se puede atrapar en nuestros esquemas oxidados. En nuestros saberes que requieren reaprenderse o desaprenderse. Distanciarnos de certezas de mentira, para afrontar la verdad de lo que nos espera. La búsqueda está llena de encuentros. Las luces que alejan todas las sombras.

✳ Cuestiones ✳

✦ *¿Te supone un reto conocerte?*
✦ *¿Qué te da miedo o te crea resistencia?*
✦ *¿Vives la vida con inquietud o con resignación?*

MIS NOTAS 📝

_____

_____

_____

_____

_____

© narcea, s. a. de ediciones

HALL

Decidida a adentrarme en esta aventura, me aproximo al umbral de la puerta. Camino con paso lento, pero seguro. Estoy convencida de romper miedos y conquistar autoconocimiento. Me he animado y estoy dispuesta a afrontar el reto. Salir de mis concepciones, de lo que creo que me conozco, y abrirme a todo lo que ignoro.

Nuestro interior es como una casa con distintas estancias. Somos un hogar habitado donde convivimos con una historia, un presente y un futuro. Un espacio donde moramos muchas veces sin ser conscientes. Distintos espacios, con diferentes reflexiones, mensajes y propuestas. Abrimos la puerta y pasamos al interior.

En el recibidor me espera una niña. Su rostro es mi rostro. La miro y me reconozco, aunque mi cara ahora está más envejecida. No perdemos nuestras facciones, a pesar del paso del tiempo. Los años van dejando huella, pero el sedimento de quienes fuimos permanece. Esa niña soy yo. La misma de hoy, pero con menos heridas, menos cansancios, y menos experiencia.

Esa pequeña me acoge en su inocencia, su ignorancia, su alegría y sencillez. Me mira serena y confiada. Me reconoce y sonríe. Mirar a esa niña es mirarme a mí misma en una etapa de la vida fundamental. En esos momentos en los que nos vamos conformando como personas. Vamos poniendo el andamiaje de quienes después llegaremos a ser. No totalmente como nos soñábamos, porque la realidad estropea, altera y desfigura.

En ese momento había muchas páginas en blanco por delante. Más que las que estaban escritas. Más vivido que razonado. Más compartido que competido. Más disfrutado que sufrido.

Esa niña me mira con complicidad. No sabe juzgar ni reprochar. Me acoge con la ternura que solo un niño tiene, y me invita a caminar. Los niños tienen la esperanza sembrada en su interior. Viven esperanzados porque están llenos de confianza en todos y todo. El miedo aún no se ha desarrollado.

Contemplar a esa pequeña es adentrarme en mi propio misterio. Ahondar en mis raíces. Profundizar en mi identidad. No soy nadie distinta de esa niña. Nuestro yo de hoy acoge a este yo infantil. El niño que fuimos está dentro de nosotros. Ha sido la semilla que ha crecido y nos ha cimentado en quienes somos ahora.

Es necesario sentarse con ella. Casi sin palabras, porque no hacen falta. Sin arrepentimientos ni críti-

© narcea, s. a. de ediciones

ca. Sin consejos ni advertencias. Esa niña tenía que vivir aún mucho, pero sin anticipos. Alegrías, sufrimientos, conquistas y decepciones; amistades y enemistades. Porque la vida se construye en un entramado que nos va haciendo. Y sin dejar de ser quienes fuimos, nos vamos transformando en un proyecto nuevo cada día. Nos vamos estrenando en cada nueva oportunidad. No somos quienes fuimos, y no hemos dejado de ser aquéllos que crecimos.

Sin nostalgia y sin deseos vanos. Pero sí, con el convencimiento que le debo mucho a aquella niña que ahora contemplo. Es una parte importante de mí con la que se fue escribiendo mi historia. La miro y me miro.

No es fácil recorrer la infancia desde que una tiene recuerdos. Hay algunas lagunas y momentos imborrables. Experiencias de familia. Relaciones con padres, hermanos; familiares más o menos próximos. Momentos, experiencias, encuentros y desencuentros. Juegos y aprendizajes.

El universo de los amigos. El disfrute de la diversión. La sinceridad en las relaciones. El colegio y los compañeros. Esas compañeras que terminarán siendo amigas, y que el correr de los años no hará que se olviden, ni que se pierdan esas relaciones.

Mirar a esa niña, es mirarme con lo que soy y lo que fui. No se puede separar. Soy ella misma. Con su timidez, sus inseguridades, sus sueños y sus metas. Soy lo que ella nunca soñó y me ha ayudado a conquistar. Soy en su ser y en su futuro, que ahora es presente. Y la miro y solo puedo dejar que salga la gratitud por el milagro de la niñez y por el don de la existencia. Porque todo está tan bien planificado, ideado y trazado, que solo me queda contemplar y callar.

⌨ PARA REFLEXIONAR[1] ⌨

~ «"De niña quería ser *bailarina de ballet*...

Me pasaba días enteros montando mis coreografías. Las demás niñas me miraban bailar y me imitaban. Juntas hicimos maravillas con nuestros vestidos y accesorios. Creamos un pequeño teatro y organizamos un festival para nuestras mamás. Nos aplaudieron tanto que nos creímos las mejores bailarinas del mundo. Amo el baile y es mi más grande pasión".

~ "De niña quería ser *médico*...

Cuando jugaba con mis hermanos era un tormento para ellos. Les hacía tomar 'jarabes' preparados por mí... ja, ja, ja, muy azucarados, por cierto. Les recetaba pastillitas de limón y uva para sus dolores extraños. Les ponía 'gotas' en los ojos y hasta en los oídos, 'gotas' verdaderamente de dudosa procedencia, pues era agua de la llave. ¡Dios mío! Qué bueno que antes no estaba tan contaminada. Les vendaba sus piernas o brazos 'fracturados' con el rollo de papel higiénico. Creo que ésa era la causa por la que mi madre siempre nos regañaba de que se terminaba muy rápido. Y si mi hermano el más pequeño se raspaba o a mis hermanas les dolía la 'pancita' los aliviaba má-

---

[1] *Claudia Ferrero*. ©Derechos Reservados© @bellasletrasbyclaudia https://www.facebook.com/bellasletrasbyclaudia

 © narcea, s. a. de ediciones

gicamente con besitos y el infalible: 'Sana, sana, colita de rana. Si no sana hoy, sanará mañana'".

— "De niña quería ser *arqueóloga...*

Quería viajar por todo el mundo y descubrir pirámides nunca antes vistas, murallas más grandes que la de China, ver de cerca el Partenón en Grecia, y descubrir restos de mamut hasta en el desierto del Sahara".

— "De niña quería ser *maestra...*

Mis primeros 'alumnos' fueron mis hermanos y los primos que a veces nos visitaban. Les ponía a hacer tanta tarea y era tan estricta que no faltó el llorón y la que nunca quería hacer lo que yo pedía. Me gustaba hacer el garabato que los maestros decían que era un 10. Se veía algo así como una arroba (@). Y entre juego y juego, creo que todos aprendimos muchísimas cosas. Fui una de las mejores maestras en el mundo. Mi madre me lo aseguró. Eso me hizo tan feliz... ".

— "De niña quería ser *mariposa...*

Quería volar sobre todas las flores que existen".

— "De niña quería ser *Miss Universo...*

Me encantaba modelar en el pequeño pasillo de mi recámara. Frente al espejo, yo misma me coronaba y hacía ruidos de aplausos y hurras interminables. 'Eres ahora la mujer más bella del planeta' me decía y mi sonrisa era más hermosa que la luna menguante".

— "De niña quería ser *escritora...*

Amé con el corazón los atardeceres al lado de mi abuelo, quien me leía tantos y tantos cuentos, fábulas y leyendas. Cuando crecí, me hizo leer a Neruda, a

Cortázar, a Mistral, a Martí, a Benedetti y a García Márquez, por mencionar solo algunos. Me subía a una mesita que tenía en su sala y me enseñó a declamar con tal pasión y énfasis que me hizo sentir poco a poco el amor por las letras y la poesía. Por primera vez fui musa del hombre que más me quiso".

~ "De niña quería ser...

Pintora, doctora, cantante, locutora, chef, arquitecta, estilista, atleta, astronauta, veterinaria, científica...".

~ "De niña quería ser *feliz*...

Vi cuántas veces mi madre fue golpeada por mi padre. Escuché cómo destruyó su autoestima, hasta dejarla por los suelos. Cómo la ofendía por su aspecto físico. Cómo la engañó. Cuántas veces la traicionó, para después abandonarla. Aún con todo y esos atropellos, ella sonreía y seguía adelante. Pero yo siempre la vi que lloraba por las noches...".

~ "De niña quería ser *libre*...

Libre de traumas, de engaños, de traiciones, de perjuicios, de maltrato físico, verbal, psicológico y espiritual, de ataques a mi persona, de acosos y persecuciones. Ser libre para elegir y decidir. Tener libertad como estandarte e himno".

~ "De niña quería ser una gran *MUJER*...

Sé que tenía las suficientes armas para luchar en esta vida. Mi Madre fue una guerrera y yo soy igual que ella.

Me heredó su escudo: La dignidad.

Me heredó su espada: La verdad.

Me heredó su corona y eso me compromete a ser fuerte y valiente. A tener el coraje de lidiar a diario, una batalla diferente. A veces pierdo, pero casi siempre gano. Porque creo en Mí. Porque sé que mi fortaleza radica en el amor que me tengo y el amor que soy capaz de dar a los que confían en mí".

De niña quería ser una *gran mujer*... Y ese es mi mayor reto. Ser cada día, la mejor versión de mí... Porque detrás de cada mujer, hay una niña que aún tiene muchos sueños que cumplir...».

....

∾ UNA PINCELADA DE FE ∾

«Sabiendo Jesús lo que pensaban en su interior, tomó a un niño, lo puso a su lado y les dijo: "El que acoja a este niño en mi nombre, a mí me acoge; y el que me acoge a mí, acoge a Aquél que me ha enviado. Pues el que sea más pequeño entre vosotros, ese es mayor"» (Lc9,47-48).

La grandeza se mide por la pequeñez. Es una escala inversa a los valores de este mundo. Y es que nos vamos construyendo desde lo pequeño, en lo infantil, en la niñez. Poner buenos cimientos para edificar con base firme y proyectar hacia el futuro los deseos y los sueños aún inmaduros y por conquistar.

La niñez es una perla preciosa. Un diamante que aún tiene que pulirse. Un camino por recorrer. Es un pozo lleno de posibilidades. Un ser dependiente, inocente y necesitado. Un peregrino inquieto y entusiasta. Un soñador sin condiciones ni prohibiciones.

Aprender a acoger la vulnerabilidad, la ternura y la espontaneidad. Mirarlos con el deseo de que conserven la frescura de la inocencia. Que los envites de la vida no los priven de la inmensidad que albergan, de los universos que laten, de las llamas que prenden.

Cuidar a los niños y también al niño o la niña que llevamos dentro. Proteger, educar, orientar; y también dejarlo arriesgarse, innovar y proyectar. Recuperar el niño o la niña que fuimos, y poner en ella el recuerdo, el presente y el mañana que deseamos. Porque en ella ya se contenían todos los probables que hoy vivimos.

✳ Cuestiones ✳

✦ *Si pudieras sentarte con la niña/ niño que fuiste, ¿qué le dirías? Escribe o expresa lo que te brote.*

MIS NOTAS 📝

_____

_____

_____

_____

_____

_____

_____

46

PRIMERA HABITACIÓN

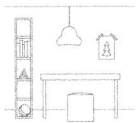

Nos dimos la mano y nos fuimos alejando del hall. Un espacio pequeño, pero nuclear, desde el que se distribuyen distintas salas. Dejándome llevar por esa niña, caminamos hacia la más cercana. Es un cuarto de juegos. No es uno cualquiera. Está lleno de peluches, juegos de mesa, y materiales que me resultan tan familiares como que fueron los míos.

Reconozco aquel patinete con el que alcanzaba grandes velocidades. Aquel juego de mesa con el que compartíamos estupendos momentos en familia. Aquella caja de colores con la que pinté mis primeros dibujos. Un recorrido por esa estancia me hace viajar por mi memoria. Volver a aquellos primeros años. Adentrarme en esos momentos y descubrirme en ellos.

Una infancia marcada por la confianza que encontraba en el cuidado de mis padres, abuela y familia. Relaciones en casa tranquilas, rutinarias, fáciles. Unos padres cariñosos, que atendían todo. No había más responsabilidad que estudiar. Lo demás era tiempo libre, en el que daba lugar a todo, incluso, hasta de aburrirse. Las horas pasaban muy despacio cuando no sabíamos qué hacer, y muy rápido cuando jugamos y nos divertíamos. Las estancias en el pueblo tenían un aliciente extra. Sin peligro de coches ni de espacios prohibidos para poder estar. Naturaleza y pandillas de amigos que venían desde distintos puntos de la geografía española, porque sus padres fueron empujados a otros lugares buscando una oportunidad de trabajo. Eran periodos de vacaciones intensos e inacabados. Había tiempo para disfrutar sin límites.

Unas relaciones infantiles donde todos eran amigos, sin importar que los hubieras conocido hacía poco. No se seleccionaban, porque lo importante era lo que compartíamos. Las vivencias que teníamos. Lo bien que nos lo pasábamos jugando.

Mi yo infantil me propone sentarnos. Buscamos un rincón, y nos acomodamos. Como niña que es, no tiene interés en hablar, sino en estar. No hay mucho que decir. Se acurruca en mi regazo y se queda ahí tranquila. Mientras la observo, me detengo en el recuerdo de esos momentos. Lo importante que era el dejarse querer y sentirse querido. Los afectos más importantes se van fraguando en este momento. Era fundamental un abrazo, un beso, una caricia. No tanto porque uno la buscase, cuanto porque te la regalaban.

Los niños despiertan ternura. Su sola presencia enternece a quien se acerca. Es algo que desgraciadamente con los años vamos perdiendo.

Mirar a esta niña es encontrarme conmigo misma. Descubrir que mi identidad, quien soy hoy, está ahí. Ponerme ante mis emociones y sentimientos para conocerme. En ese periodo, el juego, la diversión y los afectos eran lo importante. Las relaciones estaban muy asentadas en el entorno familiar, y los amigos eran del colegio y los cercanos a la familia.

Me vienen rostros, nombres, momentos, anécdotas, situaciones, y se me escapa una sonrisa. La niña se ha quedado dormida, algo muy normal en esta edad, pero a mí me ha despertado una pregunta:

«¿Quién soy yo en mis afectos?»

Un niño no tiene capacidad aún para verbalizar su mundo interior, porque ese universo es inabarcable e inalcanzable para él. Por eso, me parece importante detenerme en esta pregunta para aproximarme a algunas respuestas.

Somos lo que sentimos. Nuestro ser tiene mucho que ver con nuestras sensaciones, sentimientos y emociones. No son lo mismo. Por eso voy a ir explicando cada una con la intención de no quedar atrapada en la teoría, sino de dar un salto a la experiencia.

Sensación, sentimientos y emociones

La sensación es la forma a través de la cual nuestro cuerpo detecta un estímulo tanto interno como externo. Puede ser interna como un dolor de cabeza, o externa como una caricia. Para que la sensación sea detectada necesitamos de la percepción. La sensación es el fenómeno que se produce, mientras la percepción identifica, organiza e interpreta la información sensorial. Sensación y percepción están relacionadas con los sentidos. Vista, oído, olfato, gusto y tacto nos ponen en contacto con el mundo, con la realidad. Son sentidos externos.

Hay otras dos sensaciones que son internas. La kinestésica o propiocepción que hace referencia a la posición que ocupamos en el espacio, nuestra postura o movimientos; y la cenestésica, que informa sobre el estado de los órganos.

Así escrito parece todo muy normal y evidente, pero la precisión con la que todo este mundo sensible funciona, nos es bastante desconocida. No solo en el aspecto biológico, sino en cualquier otro. Nos conocemos poco y a nuestro cuerpo, menos todavía. Es un gran misterio. En ocasiones pienso que no sabemos lo que hay en él, hasta que nos duele. El dolor nos hace descubrir que tenemos músculos, huesos o tendones, porque nos crean molestias o malestar. Nuestro cuerpo es un engranaje perfecto, digno de una creación cuidadosa y meticulosa.

Con los años, hemos perdido la capacidad de asombrarnos ante nuestro propio milagro de existir. No nos damos cuenta de la riqueza que nos llega por los sentidos. De cómo nos conecta con el exterior. De la grandeza que experimentamos a través de ellos, de la belleza de lo que nos rodea. La experiencia de sentirnos vivos.

© narcea, s. a. de ediciones

Las emociones son intensas y preceden a los sentimientos. Son de corta duración. Las básicas son: alegría, miedo, tristeza e ira.

«La emoción es una respuesta interna e individual que informa de las probabilidades de supervivencia que ofrece una situación. Las emociones nos ayudan a transmitir cómo nos sentimos, facilitan la comunicación, determinan nuestra manera de percibir el entorno y nos ponen en contacto con nuestras necesidades; eso sí, siempre que estemos dispuestos a escucharlas y conducirlas»[1].

Unas emociones que nos mueven. Nos activan. No son buenas ni malas. Son necesarias. Todas tienen una misión importante. Todas precisan ser conocidas y aprender a gestionarlas. Con el tiempo descubrimos cuándo aparecen y por qué. Cuándo es conveniente dejarlas fluir, y cuándo hay que frenarlas o posponerlas.

Los sentimientos son el resultado de la emoción. Los que dan sentido, interpretan y elaboran cognitivamente. Son más prolongados en el tiempo y más personales. Las emociones las compartimos los seres humanos, aunque las manifestemos de distintas formas; mientras que los sentimientos, nos invitan a la originalidad. Una gran diversidad. Nuestros sentimientos son nucleares, fundamentales e inviolables. Un terreno delicado que nada ni nadie debería violentar. Un espacio sagrado que merece el máximo respeto y aceptación. Cuidado, atención, escucha, ternura y acogida.

---

[1] M. VICTORIA ROMERO HIDALGO, *Aprendiz de mí*. San Pablo, Madrid 2021, 4.

Y en esta madeja emocional me gustaría reflexionar sobre su relevancia. No somos dueños de los que sentimos, aunque sí podemos canalizar emociones, y reconducir sentimientos. Esto no es una afirmación ingeniosa. No determinamos cuándo nos vamos a enfadar. Sucede cuando experimentamos que no se nos trata bien. La pequeña que fui, no decidió que lloraba o pataleaba en una rabieta cuando no se atendía a sus deseos. Sencillamente, se disgustaba porque no conseguía lo que se proponía. Tampoco decidía el cariño a sus padres o impedir que estos se lo mostrasen. Irremediablemente quería y se dejaba querer. No lo decidía, porque los afectos no están programados como cuando se teclea un ordenador. Respondemos a las influencias que nos llegan. Según percibimos, interpretamos, pensamos y sentimos.

Afectos

Los afectos nos configuran como personas, y nos empujan a lo mejor y a lo peor de nosotros mismos. Requieren de un cuidado y un acompañamiento toda la vida. De pequeños, se van fraguando y modelando de manera externa. Pensemos en aquellas situaciones en las que nos regañaban o nos castigaban por una mala reacción. Cuando vamos creciendo también podemos recibir ese *feedback*, pero ya queda más a nuestro criterio y análisis de situación. Somos capaces de autorregularnos. La moral externa se interioriza, y vamos madurando el ámbito afectivo para no estancarnos y quedar atrapados en seres de deseos inmaduros, egoístas y posesivos, sino poder ir convirtiéndonos en personas maduras, generosas y liberadoras.

Es fundamental familiarizarnos con esta dimensión. Aprender a querer y querernos. Trabajar la autoestima. La aceptación de lo que somos. Acogernos como seres imperfectos con grandes virtudes y reales defectos. No somos agradables para todos, pero sí lo somos para quienes nos eligen. Querernos en nuestra verdad, no en nuestro ideal. Nos equivocamos y caemos. Pero también estamos llamados a encajar los errores, sin menoscabar nuestra esencia, y levantarnos. Abrazarnos en nuestras heridas y dignificarnos en lo que somos. Sin comparaciones. Sin mentiras ni proyecciones. Sin miedos. Con la gozosa alegría de nuestra originalidad.

Acoger las diferencias afectivas. No sentimos igual unos que otros. Reconocer que no existimos dos seres iguales, porque no estamos hechos en serie. Somos únicos con todos los riesgos. Y ninguno somos perfectos. No soy el único ser limitado que existe. Ni el único que sufre, que pasa malos momentos, o el que recibe daño. Hacernos conscientes que, igual que somos heridos, herimos. En la intencionalidad y la inconsciencia. En el orgullo y la mentira. En la soberbia y la descalificación.

Un niño querido es un adulto equilibrado. Quien no se siente amado, está dañado. Y ese dolor lo proyecta hacia sí mismo y hacia los demás. Descubrir nuestras heridas, de distinto tamaño e importancia.

Comprobar si han cicatrizado bien. Tratar los daños afectivos para que no supuren; buscar herramientas o recursos para afrontarlos, y descubrir por qué hay resistencia a pedir ayuda.

También están los colapsos emocionales. Ésos que nos inundan cuando vienen recuerdos a nuestra mente, que no hemos podido afrontar del todo, que no están integrados, y nos provocan un tsunami de tristeza, impotencia o indefensión. Nos embarga el dolor, porque querer superar una ruptura afectiva, no es fácil. Las heridas no cicatrizan de golpe. A veces se pueden volver a reabrir.

Los afectos son complejos. Necesitan un tiempo proporcional al daño experimentado. Nuestra sensibilidad marca el ritmo. No nuestro pensamiento, intención o deseo. No nos sentimos como queremos, porque la afectividad es más potente que nuestra racionalidad. Los afectos tienen razones, que nuestra razón desconoce.

Afectos y relaciones

No produce el mismo efecto una relación superficial de poco tiempo que se acaba, que otra donde se han compartido grandes intimidades. No es lo mismo terminar una relación amigablemente, que hacerlo con un «no quiero saber nada de ti». Esta última genera un dolor agudo que nos parte por dentro. No estamos entrenados para el desprecio, el rechazo o el no ser queridos. No son palabras neutras. Son un huracán que nos sacude por dentro y

© narcea, s. a. de ediciones

nos desestabiliza en lo profundo. En la raíz donde un día se sembró la confianza y el cariño.

Es la experiencia de borrar de un plumazo y sin ninguna compasión, lo que probablemente ha costado muchos años construir. Es más fácil destruir lo que tanto esfuerzo y tiempo ha costado, que el tiempo y el esfuerzo que se necesita para construir una relación. La confianza se gana con mil actos y se pierde con tan solo uno.

En ocasiones se rompen los afectos de manera gratuita. Utilizamos a las personas y cuando no nos satisfacen, las perdemos de nuestra vista. Es una forma de devaluar; de no respetar el valor de los demás; de convertir a los demás en objetos. Sacado su jugo, obtenido el objetivo, ya no sirven. Usamos y tiramos. Olvidamos el interior central de la persona, su esencia más profunda, lo más valioso de cualquier ser humano.

Y en este intercambio, a veces, las pérdidas pueden llegar a ser irreparables. Podemos sumir a la persona en la más profunda miseria. Hacerla sentir una porquería. Dejarla metida en un rincón, y apagar su luz. Infravalorar sus capacidades y sus talentos, por miedo a que puedan hacer sombra al estrellato de otros. La baja autoestima percibe amenazas por todas partes, y estas crecen cuanto más preparados se percibe a los otros y más temibles cuando pueden poner al descubierto las carencias que otros se empeñan en ocultar en vez de trabajar. De negar en vez de afrontar.

También pueden resultar molestos, quienes se perciben como perturbadores de paz, porque pueden provocar que se remueva algo la conciencia. Ponga en evidencia lo que no se está haciendo, lo que no se hace bien o no es bueno. Personas incómodas porque descubren lo que otros, quizás, alaban. Personas que piensan en clave de bien común y no de intereses personales. Que mueven el sentido distorsionado de lo moral, y muestran el límite entre lo deseable y lo que no lo es. Una invitación a mirar a los ojos a los demás, pensando más en un Nosotros que en un Yo grande. En valorar más que en torpedear. En aceptar más que en cuestionar. Proponer que lo que no queramos para nosotros, no se lo hagamos a otro. Que seamos empáticos, comprensivos y compasivos.

Estas son las lecciones que no se aprenden en un libro, y que nos da la experiencia de vida. Unos temas que nos pueden resultar áridos, costosos e incluso desagradables. Ese es otro aspecto que nos enseñan los afectos. No siempre lo bueno es lo que me gusta; también lo es lo que me cuesta. Lo que entraña un esfuerzo o una dificultad, se valora más, que lo que se obtiene fácilmente, gratuitamente. No se ha regalado, sino que ha supuesto la superación de un obstáculo y la consecución de un reto.

Somos dependientes, necesitados, vulnerables. Y algo que puede parecer negativo, peligroso o amenazante, esconde lo más importante de nuestra vida. La afectividad expone nuestra faceta más delicada, íntima y desnuda. Nos hace ser únicos y humanos.

Contemplar a esa niña es aprender cómo se ha ido tejiendo una historia afectiva. Llena de dolores, contradicciones y enfrentamientos. Desbordante de

© narcea, s. a. de ediciones

frustraciones, sufrimientos y tropiezos, que son los que hacen crecer.

Un recorrido donde descubrir la andadura de la madurez. Crecemos desde los afectos. Mostramos nuestras debilidades porque no somos autosuficientes. No maduramos solos. No crecemos en soledad. Siempre estamos rodeados de otros que dicen de nosotros. Conocer nuestros afectos, y dejarnos interpelar por los demás. Abiertos, pero ciertos en los que sentimos, queremos y deseamos.

¡Cuántas historias afectivas se han ido tejiendo en estos años! Me quedo pensando y agradeciendo tanto como he recibido sin merecerlo. Lo afectivo es puro don. Rostros, experiencias y anécdotas. Encuentros casuales que llegaron a ser determinantes. Experiencias dolorosas de las que surgieron proyectos y oportunidades. Palabras duras. Voces injustas. Juicios y prejuicios. Cariños de mentira. Infidelidades al final de una historia. Nos duele y dolemos.

Pero también está la gratificación de las amistades bien cimentadas; de las que se prolongan en el tiempo, aunque no las veamos con frecuencia; de las que cuentas con ellas incondicionalmente. La riqueza y la pobreza del ser humano.

Los bloqueos afectivos son otra asignatura destacada. Las armaduras emocionales. Los muros sentimentales nos destruyen por dentro. Nos aíslan en un yo que se va haciendo grande hasta taparnos el horizonte. Qué importante trabajar los afectos. Que crezcan sanos, espontáneos, ricos y generosos.

Amor, odio y perdón

Subrayar que lo contrario del amor no es el odio. En uno y otro hay sentimientos. Lo contrario del amor es la indiferencia. Dejar de sentir por otra persona. Que no merezca ni siquiera un poco de atención. El dolor que esto produce es agudo, incisivo e inabarcable. Una herida sangrante. Hay muchas maneras de matar a alguien. Esta es de las más crueles. La persona se queda totalmente anulada. No hacer aprecio, es el mayor desprecio. Despreciar a alguien es matarlo en vida. Es muy duro e incomprensible. El producto de unos afectos muy deteriorados.

Hay muertes mucho más sanguinarias que quitarle la vida a alguien físicamente. Borrarla de la mente y, sobre todo, del corazón. Hacerla inmerecedora de afectos porque se la ha juzgado indigna de ser querida. Dolor sobre dolor. ¿Dónde queda el valor, la dignidad, de la persona? Es una herida mortal que deshumaniza a quien lo hace, y acribilla a quien la sufre. ¡Cuánto daño por no saber tratar y tratarse! ¡Cuánto sufrimiento por no haber aprendido a querer!

El perdón ayuda a restablecer distancias, pero la cicatriz de estas heridas requiere mucho tiempo. Son hondas, y tan profundas que atraviesan a las personas. Es importante el perdón para no albergar rencor, pero eso no significa que ya esté todo solucionado.

Me viene a la mente la justicia restaurativa. La que busca el encuentro en medio del dolor. En el tiempo de ETA se potenció mucho. El encuentro entre víctima y victimario. No se puede olvidar la pérdida, el daño; pero se busca la reconciliación. Es

© narcea, s. a. de ediciones

como cuando se rompe un objeto de barro o de cerámica. Si queremos recomponerlo, es imposible. Podemos colocar las piezas muy bien, pero siempre se apreciará que hay partes, trozos, que se partieron del cacharro original.

Hay una técnica japonesa que se llama *kintsugi*. Significa «reparar con oro». Es un método de restauración que incide en la importancia de las fracturas de un objeto, en lugar de ocultarlas. Nos hace pensar que todos estamos hechos de rupturas y reconstrucciones. Pegar con oro las piezas rotas, las hace valiosas, aunque el objeto sea imperfecto. También nosotros nos recomponemos en el perdón.

El perdón nos libra del rencor, nos libera de los malos deseos, del afán de venganza. Nos distancia de corresponder haciendo daño, pero no sana el dolor recibido. No se puede decir eso de que: hay que perdonar y olvidar. Podemos o, mejor, necesitamos perdonar, pero el olvido nada tiene que ver con el perdón, sino con nuestra afectividad.

La ofensa agrede, destruye, rompe lazos, a veces de forma tan radical, que resulta casi imposible restablecer. Evita el odio, pero no consigue hacer un ejercicio de amnesia por el que se borra el mal recibido. Perdonar no puede ser olvidar, porque somos humanos.

Las relaciones que se rompen nunca vuelven a ser lo mismo. No se puede actuar, pensar o sentir como si no hubiera sucedido nada. El perdón no es el olvido, sino la ausencia de rencor, de venganza, de ira. El bálsamo para una herida que ya no sangra, pero que duele.

Los conflictos son necesarios e imprescindibles. Son medios que ayudan a purificarnos y a crecer, sabiendo que no somos perfectos ni iguales. Que nos hacemos daño siempre, porque la diferencia tiene ese precio. El conflicto no hay que soportarlo, sino afrontarlo. Sin victimismos ni ataques. Con realismo. Con búsqueda. Con diversidad. Sin conflicto no se crece. Parece que todo va bien, pero en la raíz hay un olor a podrido. Lo que se reprime, se caduca, se resiente, termina matándonos por dentro, a las personas y a las instituciones. Hay que provocar conflicto. Un conflicto sano lleno de escucha, aceptación y valoración.

Se puede vivir la frialdad en las relaciones cuando en el fondo la otra persona no significa nada. Puede haber mucha diplomacia, pero sin afectividad alguna. Se mantiene la educación, pero vacía de aprecio o valoración. Tratarnos en la distancia, en el desentendimiento del otro. Como si fuera un objeto que pasa por mi lado. O, por el contrario, mirar al otro a la cara. Y, hacerle ver su importancia. No sabemos el momento que puede estar atravesando la otra persona. A veces podemos ser un salvavidas en un momento de abatimiento o desesperación.

Cuando alguien sabe que una persona pasa por una situación difícil, la importancia y el cariño hacia el otro, hacia su dolor, se muestra en la cercanía, el cuidado y la atención. Quien te pregunta cómo estás y escucha una respuesta negativa, si no vuelve a interesarse por ti, cuando sabe de tu dolor, en realidad solo ha sido educada, pero nada afectuosa y menos humana. La verdadera humanidad se muestra aquí. El otro es un ser tan doliente como yo. La indiferencia al dolor de la otra persona es un asesinato. La estamos matando, eliminando de nuestro centro de interés.

Qué importante limpiar la mirada y purificar el corazón. Volver a la inocencia de los niños. Construir las relaciones desde la pequeñez, la humildad (*humus*). Querer desde abajo. «*... el único momento que es lícito mirar a una persona de arriba abajo es para ayudar a levantarse*»[2]. Esto marca un estilo de vida, de respeto, donde la relación vale más que la razón. Anteponer la persona a nuestras medias verdades.

Interacciones donde no hacen falta tanto palabras, como miradas y gestos. La comunicación no verbal es más auténtica y no alberga mentira. Dice lo que a veces las palabras no alcanzan a expresar.

Sufrimiento y muerte

Es importante incidir en algunos aspectos profundamente humanos. Tememos más al sufrimiento que a la muerte. Uno lo percibimos como una gran amenaza y un tremendo miedo. La otra, como algo totalmente natural en nuestro ser existencial. Pensar en una muerte sin sufrimiento, sería un ideal en muchos momentos.

Muerte y sufrimiento se tejen paralelos. Morimos y sufrimos más allá del aspecto físico. Otra modalidad es

---

[2] https://www.vaticannews.va/es/papa/news/2023-08/papa-francisco-discurso-vigilia-jovenes-jmj-parque-tejo-2023.html

el sufrimiento y la muerte afectiva y social. Experiencias duras, profundamente difíciles, incomprensiblemente absurdas.

Morir como término, fin y límite. Acabar con la persona en situaciones de abandono, de soledad; sin compañía ni consuelo de nadie. En una dejadez intencionada. En una ignorancia premeditada. Vivir cegados a la realidad que vive el otro. A su dificultad, dolor o sufrimiento. A su desconsuelo o desesperación. Junto a esta posición, se nos empuja a mirar nuestra sociedad, nuestro mundo, y reparar en tantas realidades de muerte, violencia y sufrimiento. Tomar conciencia y postura.

Desde ahí, nos podemos preguntar: ¿qué sentido tiene tanto dolor y sufrimiento? Una pregunta que se pierde en la historia de la humanidad, y que está llena de silencio y vaciedad. No es fácil responder. No hay capacidad para dar contestación.

Sufrimiento y muerte que están provocadas por la maldad humana. El poder, el dinero, el prestigio, el saber...; amenazados por la verdad, la inocencia o la paz. Una lucha de intereses. Un conflicto sangriento por anteponer el Yo a cualquier otra realidad.

Y frente a esto, la persona auténtica. Es peligrosa porque desenmascara una realidad llena de maldad. Porque hace temblar conquistas y méritos. Una persona valiente, arriesgada, consciente del precio por vivir la coherencia y los valores más humanos.

Una tenacidad que choca con los principios mundanos. Y ante el conflicto, el camino más fácil. El gran mal de la sociedad, de las personas, es la omisión, el silencio, la complicidad con quien hace daño. La denuncia tiene malas consecuencias. Callar para no tener problemas. Para evitar malos ratos.

Nadie puede decir que no ha hecho daño. Debilidad y malicia están en el origen del dolor. Dinámicas de la violencia, generadoras de muerte, destructoras de personas. El ser humano se alía para matar al ser humano. Es la tragedia de la humanidad. La violencia es una tentación. La fuerza bruta por encima del diálogo y las razones. El sinsentido de causar daño a los demás. La satisfacción ante el sufrimiento de otros.

Hannah Arendt planteó después del juicio a Adolf Eichmann (Jerusalén 1961), la «Banalidad del mal». Después de escuchar el testimonio de este antiguo militar nazi, compone su teoría. Lo que este hombre expone es una ambigüedad del concepto de maldad. Las personas pueden ser manipuladas para llegar a realizar grandes crueldades, sin experimentar responsabilidad en sus actos. Eichmann no se siente culpable de la muerte de los judíos que terminaban asesinados, porque él solo cumplía órdenes. Hacía lo que le decían sin valorar las consecuencias. Un planteamiento totalmente alienado de la conciencia.

Eichmann no era un psicópata. Mentalmente sabía lo que hacía, y emocionalmente no era un desequilibrado. No era sádico, demente, ni discapacitado. Era un tipo normal. Sencillamente, no había reflexionado sobre sus actuaciones. Un sujeto altamente influenciable y manipulable[3]. La filósofa

---

[3] Aconsejo ver la película: https://www.youtube.com/watch?v=WBx 43DF8Na0&ab_channel=MatiasBobadilla

plantea que es una persona con falta de pensamiento que alcanza una locura moral. De esta forma, llega a una frivolidad entre lo bueno y lo malo. A una crueldad que no valora consecuencias.

La banalidad del mal se entiende desde esta falta de pensamiento reflexivo.

«Arendt no considera que el pensamiento garantice actuar bien, ni siquiera considera que nos pueda garantizar alguna definición universal del bien y del mal, ni que la máxima altura de algún otro ideal, sea la verdad absoluta, la felicidad perfecta, el bien público, la paz perpetua o cualquier otro; más bien supone que por falta de pensamiento el hombre puede caer en la estupidez, que puede ser tanto o más peligrosa que el sadismo declarado. No hace falta que ejemplifique las terribles consecuencias contemporáneas de conceptos fanáticos y/o fundamentalistas del bien, o la vaguedad soez de "libertad duradera", "justicia infinita..."»[4].

Tampoco podemos pensar que toda maldad provenga de la falta de pensamiento. La indolencia o el egoísmo explican la transgresión de los limites de la vida y de la dignidad de los demás. Una cuestión que nos enfoca más a cuestiones éticas que filosóficas.

Retomando, el planteamiento arendtiano, de «la Banalidad del mal», Eichmann que organizó el asesinato masivo de judíos, era un tipo normal. No mostraba un odio ni un fanatismo hacia los judíos.

---

[4] Sissi Cano Cabildo, Sentido arendtiano de la "Banalidad del mal", *Horizonte*, Belo Horizonte, v. 3, n. 5, 101-130, 2º sem. 2004.

No mostraba aversión hacia nadie. No aceptaba la acusación de asesinato, porque él nunca mató a nadie.

Haciendo un pequeño paréntesis en el relato, recuerdo algo parecido. Mi paso por un centro penitenciario, me enseñó algunas experiencias interesantes. Impartía un taller de crecimiento personal al que asistían todas las semanas treinta personas. Había un chico que se sentaba cerca de mí, y no intervenía. Solamente escuchaba. Al cabo de unas cuantas semanas, pidió hablar conmigo. Se quedó al final de la sesión, y me dijo que no estaba de acuerdo con el planteamiento que había hecho. Le pedí que lo expusiera. Él estaba allí por reincidencia en robos, pero él no había hecho daño a nadie. Robaba, pero no le causaba mal a nadie. Su argumento era que entraba a robar y se llevaba lo que consideraba, pero que nunca atacó a nadie. Es más, entraba cuando no había nadie en las casas. Como no veía a nadie, no entendía que causara daño a los propietarios de lo que se llevaba.

Eichmann no mató a nadie porque «no veía a nadie». Solo tramitaba las órdenes de exterminio. La ausencia específica de personas, provoca una relativización de la acción, e incluso una banalidad del mal cometido.

Destacar también la obediencia ciega, que elimina la capacidad de juzgar las acciones que se realizan, haciendo responsable a la persona que las ordena. No puede haber sentimiento de culpa ni necesidad de arrepentimiento, porque no hay conciencia de haber actuado mal. Las órdenes, las normas, las leyes, estaban por encima de las personas.

Las personas quedan reducidas a cosas. Unos entes sin importancia, que si estorban hay que eliminar. Por tanto, se puede usar, traicionar y matar sin remordimientos, con total indolencia, porque los otros no interesan.

A Eichmann le caracteriza su incapacidad para pensar, que le lleva a no analizar las consecuencias de sus actos, dejándose llevar por lo que otro le ha hecho creer que es correcto y debe cumplir. Aparentemente, no parece que haya una intencionalidad manifiesta de hacer daño, pero eso no quiere decir que no se haga.

No se puede asociar maldad con ignorancia o con bajo nivel cultural. Hay personas inteligentes y competentes en sus puestos de trabajo y en distintas esferas de su vida familiar y relacional, que, sin embargo, no tienen claridad conceptual en sus valores.

La apertura del pensamiento y la escucha de otros puntos de vista, resultan fundamentales para establecer cimientos de convivencia, tolerancia y respeto. Reflexionar, preguntarse, cuestionarse los propios puntos de vista, para crecer. Pensar por uno mismo, analizarse, y realizar examen de conciencia, previenen el sentido banal de la maldad y la extinción de los remordimientos. Es una forma de combatir el idiotismo moral, que anestesia la afectividad de quienes hacen daño, y no se sienten afectados por ello. Y evita justificar los conflictos intrapersonales haciendo culpables a los demás.

Desgraciadamente la maldad tiene manifestaciones muy variadas y difíciles de comprender. Lo cierto es que todos tenemos capacidad de pensamiento para reflexionar, cuestión distinta es que la ejerzamos. Tenemos la libertad para elegir, y cada elección tiene sus consecuencias, que hay que asumir responsablemente. El ejercicio del pensamiento depende de nuestra libertad.

Hay muchas maneras de atentar contra otros, de matar a los demás. No físicamente, sino de manera más sutil: desautorizando al otro para quedar por encima; dejarlo en ridículo porque tengo poder para hacerlo; deshonrándolo inventando calumnias, hablando mal... Somos especialistas cuando tenemos objetivos muy definidos, y hay personas-obstáculos. No hay valor para decir las cosas a la cara, pero sí para maltratar por detrás. Impedir que la otra persona se puede defender dando sus argumentos. Crear mala fama con mentiras. Poner palabras en su boca que nunca dijo. Inventar situaciones que no sucedieron para perjudicarla.

Matamos moral, espiritual o físicamente. No hay que coger un arma para matar. Nuestra mente y nuestra lengua son los medios más poderosos, hasta el punto, que incluso pueden incentivar el suicidio de otros. Puede ser una ocasión para pensar en los sufrimientos que podemos evitar. Abrirnos a las necesidades de otras personas. Ser redentores de la violencia de los demás. Cuidarnos y cuidar de la violencia y de los violentos.

No podemos mirar para otro lado ante el dolor y el sufrimiento de los demás. Identificarnos con el mal de otros. También nosotros tenemos guerras, antipatía, ansias de venganza... Librarnos de esta esclavitud para solidarizarnos con los sufrientes.

La niña empieza a removerse, a desperezarse. Me mira y me sonríe. Es lo más inconsciente que hacen desde bebés. Mirar y sonreír. En sus ojos se ve una declaración de inocencia y sencillez. En su sonrisa la alegría sincera y profunda de quien vive feliz. Escribe Paulo Coelho: «*Un niño siempre puede enseñar tres cosas a un adulto: a ponerse contento sin motivo, a estar siempre ocupado en algo y a saber exigir con todas sus fuerzas aquello que desea*».

Se incorpora y me coge de la mano. Caminamos hacia la puerta tranquilamente.

_____ ▣ PARA REFLEXIONAR[5] ▣ _____

«Marcos regresaba a casa después de clase, cuando vio que el chaval que iba delante de él tropezó, se le cayeron todos los libros que llevaba, un guante de jugador y un pequeño teléfono móvil.

Marcos se inclinó y ayudó al chaval a recoger todos sus objetos, que estaban desparramados por el

_____
[5] IVANI DE OLIVEIRA y MARIO MEIRELES, *Dinámicas e historias*. Paulinas, Madrid 2005, 110-111.

suelo. Ya que ambos iban en la misma dirección, le ayudó a llevar sus cosas.

Mientras caminaban, Marcos supo que el nombre del chaval era Beto, que le gustaban mucho los videojuegos, el fútbol y la historia, que tenía dificultad con otras asignaturas y que acababa de separarse de su novia.

Llegaron primero a casa de Beto, le invitó a pasar para tomar un refresco y se quedó a ver la televisión. Pasaron una tarde agradable, hasta que Marcos se despidió para ir a su casa.

Empezaron a encontrarse en el Instituto, a veces comían juntos, se acompañaban en el camino. Permanecieron en el mismo Instituto durante años y durante muchos años continuaron siendo amigos.

Al fin llegó el tan deseado final de etapa. Beto llamó a Marcos para conversar. Le recordó aquel día en que años atrás se conocieron y preguntó:

—"¿Tú jamás me preguntaste por qué estaba llevando tantas cosas a mi casa aquel día? Estaba vaciando mi armario del Instituto para que la próxima persona que fuese pudiese usarlo. Aquel día, yo había cogido calmantes de mi madre e iba a casa para suicidarme. Pero después de haber pasado el día juntos, conversando y riendo, caí en la cuenta de que si yo me hubiese matado habría perdido aquel momento y tantos otros que estaban por venir. ¿Te das cuenta, Marcos? Cuando me ayudaste a recoger los libros del suelo, hiciste algo más que ayudarme. Me salvaste la vida"».

....

✍ UNA PINCELADA DE FE ✍

*«¿Quién de estos tres te parece que fue prójimo
del que cayó en manos de los bandidos?
Él respondió:
"El que practicó la misericordia con él".
Díjole entonces Jesús:
"Vete y haz tú lo mismo"»*
(Lc10,36-37).

Las parábolas son maneras de abordar una situación desde la realidad más cotidiana. De explicar una lección, más desde la práctica que desde la teoría. De hacer comprensible lo que las palabras pueden llegar a distorsionar.

Esta parábola propone tres modelos de relación. La del sacerdote. Persona religiosa. Ocupada en asuntos del templo, del culto, del rito. Gran cumplidor. Tan atareado que, cuando ve al caído, da una vuelta para no entretenerse.

La del levita. Religioso. También se ocupaba del Templo. Apartados y dedicados a cuestiones cultuales. Centrado en sus labores, no se detiene a atender al herido. Los dos judíos. Cumplidores de la ley, y olvidados del bien al prójimo. Ejemplos religiosos.

El samaritano es un extranjero. Ajeno a la ley judía. Es modelo de afectividad equilibrada. No antepone sus obligaciones a la necesidad de quien está tirado en la cuneta de la vida. No mira para otro lado con aire indiferente y desentendido. No tiene prisa ni asuntos más importantes. Acoge, atiende, cura y se responsabiliza de las necesidades de quien sufre.

Mirar a los demás con ojos de misericordia. Sin condicionantes, criticas ni juicios. Desde el pódium de la humanidad que nos hace descubrirnos peregrinos, necesitados en el camino de la vida. Este es el auténtico ejemplo. La misericordia no es una teoría bonita. Es un compromiso serio y sólido por los sufrientes de este mundo, que podemos ser también, tú y yo.

Tantas personas que se han quedado en las cunetas de la sociedad, de la historia y de la vida. Personas olvidadas en un sistema que descarta a quien no es competitivo, no tiene dinero y no es inteligente.

Personas que no cuentan, que no tienen voz, que cayeron en el olvido, en el desinterés, en la indiferencia. El ser humano que deja a otros en el *backstage* del escenario del mundo. Solo actúan como protagonistas los que pueden pagarlo; quienes nacieron en una sociedad desarrollada; los que hablan de progreso y evolución, mientras en otro rincón del planeta, hay tantos que no tienen para comer, beber, vestirse, educarse o curarse.

Un mundo lleno de desigualdades, donde a veces los propios credos justifican las diferencias. Donde la solidaridad es solo una palabra bonita, pero la avaricia la deforma. Poner la mirada en el caído porque todos caemos una y mil veces. Porque necesitamos manos que nos levanten de la tierra de deshumanidad en la que caminamos.

* Cuestiones *

+ *¿Cómo recuerdas tu infancia?*
+ *¿Vives las relaciones desde el altruismo o buscando algún interés?*
+ *¿Has analizado cómo tratas a los demás? Puedes hacer una lista de actitudes positivas y las que tendrías que trabajarte.*

MIS NOTAS

SEGUNDA HABITACIÓN

Cuando alcanzamos su umbral. Me suelta de la mano y se despide. Vuelve sobre sus pasos. La veo alejarse entre tristeza y alegría. Emociones que nos envuelven. Al girarme me encuentro con una adolescente que me recibe. Su rostro no es tan alegre. Se percibe la contradicción, la autoafirmación, el conflicto y la indeterminación. Es un periodo complejo y convulso. Un momento de perderse para llegar a encontrarse. Me acoge con cierto recelo, y me invita a pasar.

Es una estancia totalmente inclasificable. Entre la infancia y un momento indefinido. Algunos libros en estanterías. Cuadernos encima de una mesa. Fotografías que cuelgan de amigos y viajes. Limpieza y desorden conviven de manera armónica.

Nos sentamos alrededor de una mesa de escritorio. La posición determina las distancias. Los afectos viven un momento de transición. Lo social se empieza a abrir camino. Las relaciones sociales van a marcar esta etapa. La omnipresencia de los padres, queda relegada a un segundo plano. Ahora son las relaciones entre iguales las que van surgiendo. Es un periodo de búsquedas y de encuentros.

El mundo social nos configura. Ya decíamos que no podemos vivir en soledad. Pero a la vez, será una gran fuente de conflictos. Desencuentros, malentendidos y contradicciones. Una salida de la zona de confort para adentrarnos en un embrollo de diferencias, temperamentos y caracteres.

Y junto al cambio social, el físico. El aspecto se ha ido transformando como todo lo demás. Resaltan el rostro, pero también la estatura, órganos sexuales más desarrollados, timbre de la voz...Aún no se ha definido la persona, pero está claro que ha dejado de ser una niña.

Aparecen inquietudes por perfilarse en su vestimenta, maquillaje, pelo, cuidados corporales. El aspecto es muy importante. Una manera de definirse hacia sí misma y hacia los demás.

Nos sentamos y nos miramos. Estoy frente a la que fui un día. Una persona tímida, reservada, más ocupada en sí que en los demás. Más queriendo hacerse un hueco en este mundo, que preocupada por el qué dirán. Nos miramos mutuamente y casi sin poder contenerme le sonrío con agrado y complacencia. Le debo lo que soy hoy. No sabe todo el bien que me hizo con sus insatisfacciones, su inconformismo y su lucha por lo justo. La miro y me reconozco en esos rasgos. Ahora diferentes, pero los

 © narcea, s. a. de ediciones

mismos. Le cuesta mantenerme la mirada. Unos ojos buscadores, lectores y vivos. Transparentes en sus sueños. Sin gafas que impidan bucear en ellos.

Nuestro diálogo es ausencia de palabras. Silencios sonoros donde contemplarnos. Difícil poner nombre a lo que pasa por dentro, miedo a expresarse y confianza por afianzarse. Momento delicado.

Yo-Tú

La parte física que nos dota de identidad de manera diferenciada, es el rostro. Nuestro cuerpo en general dice de nosotros, pero podemos compartir rasgos con otras personas. Nuestro rostro es único. No hay dos personas con la misma cara, ojos, ni expresión. Como decíamos antes, no estamos hechos en serie. Somos originales. Un detalle que no alcanzamos a comprender. Nuestro rostro muestra la exclusividad de nuestra vida. Es el medio a través del cual nos relacionamos con los demás.

Nos hacemos Tú para otros en un diálogo desde el Misterio que nos envuelve y cautiva. Un Yo y un Tú que nos hace salir de nosotros mismos y nos lleva al espacio del Nosotros compartido. Un Yo y un Tú valiosos, que se abren a la gratuidad de unas vidas que se nos han dado.

«El Yo de la palabra básica Yo-Tú es diferente al de la palabra básica Yo-Ello. El Yo de la palabra básica Yo-Ello aparece como un ser individual y llega a hacerse consciente como sujeto-del experimentar y del usar. El Yo de la palabra básica Yo-Tú aparece como persona y *llega a hacerse consciente como subjetividad-sin genitivo dependiente. El ser individual aparece cuando se contrasta frente a otros seres individuales. La persona aparece cuando entra en relación con otras personas*»[1].

Todo es don y dádiva. Gratitud y gratuidad. Un Tú que, al reconocer como alteridad al Yo, no cosifico. No utilizo para mis intereses personales. No me sirvo de él. Sirvo con él. Un servicio mutuo donde crecemos en igualdad, en respeto, en búsqueda conjunta de felicidad. La felicidad no es una conquista individual. No es un logro personal. Nos hacemos felices cuando nos reconocemos en un rostro, y nos abrimos al misterio que esconde ese rostro.

Mirar y contemplar el rostro de otro, es descubrir nuestro propio rostro, que el Tú me revela. No nos reconocemos a nosotros mismos. No somos capaces de ver nuestro propio rostro. No sabemos cómo es nuestra cara, porque no podemos vernos a nosotros mismos, a menos que nos pongamos frente a un espejo. Es el otro quien me dice quién soy. Cómo soy. En un diálogo abierto y confiado. Así como ahora miro el rostro de quien fui y de quien soy, y me dice todo lo estoy siendo, y a lo que estoy llamada.

Una adolescencia convulsa, agitada, pero también apasionante. Llena de posibilidades por explorar. Una chica a la que, a pesar de sus líos mentales, afectivos y sociales, se trabajó para que ahora sea quien soy hoy. Cuánto que agradecer a quien tan

---

[1] MARTIN BUBER, *Yo y Tú*. Herder, Barcelona 2020, 78.

76

poco creímos y por quien tan poco apostamos. Cuánta desvalorización, cuestionamientos y críticas a la adolescencia. El ser humano es una criatura inacabada. Necesitamos nueve meses para nacer. Casi un año para caminar. De tres a cuatro años para que se entienda lo que hablamos. Cinco o seis años para aprender a leer y escribir, y toda una vida para conocernos. Tenemos una experiencia de vida larga. Hoy es joven quien tiene ochenta años. Lo que habría que preguntarse es: ¿has vivido? Porque la vida no va en los años, sino en lo que los invertimos.

Vivir con pasión cada momento porque es único y no vuelve. Porque es bueno, bello y verdadero. Porque me lo han regalado, y mientras siga respirando, quiero vivir con gratitud siempre. Con el mismo inconformismo de mi adolescencia, y también con aquellos sueños de hacer un mundo mejor. Dejar una huella en esta historia humana donde el mundo sea mejor a como me lo encontré.

La adolescencia es un periodo de cambios, de turbulencia, de sueños imposibles y metas inalcanzables. Un periodo de transformación. Aquel gusano que percibimos está llamado a convertirse en una gran mariposa. Sentarme con mi adolescente, es recordar momentos, pero sobre todo experiencias. Acariciar el desencanto de todo y de todos. Los padres ya no son significativos. Los amigos tienen que pasar el *casting* de la confianza. Los problemas son mundos desconocidos e inexpugnables. La rebeldía ante un orden que nos hemos elegido y provoca insatisfacción. ¡Qué necesario volver ahí una y otra vez! Al final terminamos aceptando todo, incluso lo inaceptable, por complacencia, agradar a otros o sencillamente, porque no nos queda más remedio. Esa búsqueda de un lugar en el mundo, es un grito de cambio. No nos satisface lo que hay, y soñamos con un mundo diferente, lleno de ideales. Abierto a la novedad, a lo que está por conquistarse. Salir de los moldes establecidos. Abrirnos a una realidad de posibilidades que esperan el salto a lo que está por crearse.

Buscamos modelos. La música, el arte, las tecnologías... Personas a quienes seguir, no tanto para imitarlas como para salir de nuestros esquemas. Referentes donde mirar y mirarnos. No es fácil encontrarlos. Más difícil descubrir aquellos que sean significativos como para llegar a ser modelos de vida.

Mirar a esa adolescente para consolarla, animarla, ayudarla a confiar en si misma, porque es valiosa, aunque no lo crea; porque tiene una misión importante, aunque nadie apueste por ella; porque es grande, aunque se vea tan diminuta. Y alentarla a seguir soñando. Que ese horizonte cada vez sea más inabarcable. Que nadie la limite. Que crea en todas sus posibilidades. Estamos hechos de sueños, de infinitos, que nos van lanzando a caminar en la vida.

El tacto

Vivimos en una sociedad donde se subraya la vista sobre otros sentidos. La visión tiene gran

© narcea, s. a. de ediciones

relación con la voluntad. Sin embargo, en este encuentro quisiera destacar el tacto. Un sentido que habla de contacto, de físico, de tocar y ser tocado[2].

En esta era de la tecnología, lo importante es lo que vemos, y lo que creemos. Sin embargo, no todo lo que vemos es real ni verdad. A veces, es una sencilla recreación de un mundo de mentira. Esta imposición de la virtualización nos roba el cuerpo y el tacto.

El estar con otro se relaciona directamente con el cuerpo. Vemos, sentimos y tocamos al otro. Si la vista es el sentido del poder, el tacto es el sentido de la diferencia. Tocar precisa otro con el que interactúo, y lo hago en la cercanía. Pone de manifiesto una exterioridad. Tocar y ser tocado requiere una apertura. El tacto no subordina, equipara. Complementa una necesidad profundamente humana. Somos tocados cuando somos para otros.

Por otra parte, los cuerpos que se tocan y son tocados, establecen un límite. Lo que se toca es el límite. Donde yo termino y empieza un otro. Pero tocar rompe todo sentido de propiedad. Tocar no es aprehender nada, conquistar o dominar. No se puede retener nada, porque se escapa.

Tocar a esa adolescente para descubrir la importancia de la alteridad, de los demás, de la cercanía y el contacto con otros. Tocarla para evitar sus confusiones y sus distancias. Tocarla porque el

---

2 Cf. M. Victoria Romero Hidalgo, *o.c.*; 114-117.

cuerpo es signo de realidad y necesidad de interpretación. ¡Qué importante es la carnalidad!

Mirarla y despertarla a todo lo que aún le queda por descubrir. Que no se cierre a las posibilidades, que no se limite a lo seguro, a lo que controla. Que siga escribiendo. Plasmando en el papel todo lo que bulle por dentro. Todo lo bonito que necesita ir dejando salir, y toda la confusión que alberga. Que cree para seguir creyendo. Que no se canse de poner en cada letra lo que la inquieta, preocupa, descoloca y desea.

La miro y me gustaría que sintiera el abrazo y la gratitud que en tantos momentos es necesario. No es un periodo fácil, pero sí importante. Solo le quiero desear que nunca se rinda ante las dificultades que serán muchas, porque ella es fuerte, es guerrera, es luchadora y perseverante. No es de las que deja nada a medias. Con las medias hace todos, donde se irá sintiendo realizada. Y ante las caídas, más resiliencia. Porque puede, y está llamada a sembrar sueños, ideales y deseos importantes. Sin ambiciones absurdas, y la cabeza bien amueblada. Poniendo el acento en lo importante, y no en lo circunstancia. Su rostro es mi Yo en su Tú latente y dispuesto a seguir desarrollándose.

Nos sonreímos con gratitud. Y nos levantamos lentamente. Antes de salir por la puerta nos damos un abrazo en el que nos fundimos y nos derramamos mutuamente. Me llevo una parte de ella y ella se queda con un futuro que algún día conocerá.

▢ PARA REFLEXIONAR[3] ▢

«Un sabio paseaba por el bosque con su discípulo. Al anochecer, fueron a guarecerse en una casita pobre, que se caía a pedazos. En ella moraba un matrimonio con sus tres hijos, mal vestidos, sucios y delgados. Todos ellos vivían a costa de una vaquita que producía algunos litros de leche cada día. Una parte de la leche la aprovechaba la familia y la otra servía para comprar una pequeña cantidad de alimentos y ropas. Por la mañana el sabio agradeció la acogida y siguió su camino. Más adelante vio la vaquita y pidió a su discípulo que la empujase al precipicio para matarla. El discípulo no cuestionaba las órdenes, pero la escena lo perturbó. Sin la vaca, las posibilidades de subsistencia de aquella familia eran mínimas.

Tres años después, el discípulo pasó por la misma región. Decidió visitar la casita y... ¡Sorpresa! En lugar de la cabaña había una hermosa residencia. Alrededor de ella pastaban animales, los trigales ondeaban al viento y los árboles exhibían sus frutas maduras. Luego aparecieron el padre, la madre y los tres hijos, saludables y bien vestidos. El visitante pregunto la razón del cambio, y el padre explicó:

—"Nosotros teníamos una vaquita, pero se cayó por un precipicio y murió. No nos quedaban alternativas. Sin la vaquita nos vimos obligados a hacer otras cosas: plantar árboles, criar animales, cultivar

---

[3] TAMAR VIAN- ALDO COLOMBO. *Abriendo caminos*, Paulinas, Madrid 2008, 22-23.

la tierra. Nos dimos cuenta de que éramos capaces de hacer cosas que no habíamos hecho hasta entonces"».

....

⮬ UNA PINCELADA DE FE ⮬

« Ella se conturbó por estas palabras y se preguntaba qué significaría aquel saludo. El ángel le dijo: "No temas, María, porque has hallado gracia delante de Dios; vas a concebir en tu seno y a dar a luz un hijo, a quien pondrás pon nombre Jesús..."»
(Lc1,29-31).

María es una adolescente. Una joven abierta a muchas posibilidades que escoge un camino. No va a ser fácil ni exento de dificultades. Confía y cree. Se deja hacer en su desconocimiento y en sus sueños. Apuesta con miedos por un proyecto que le transformará la vida entera. Una decisión que es un desafío para ella y para las convenciones sociales del momento. Una chica que transgrede el orden establecido llevada por una fuerza que la empuja, que la lleva, que la lanza a lo desconocido. Ese arrojo de la adolescencia donde parece que todo está permitido. Se pueden alcanzar retos y derribar listones.

El miedo es una oportunidad que vencer. Una apuesta en la que rebasar limites y sembrar sueños. María sueña, cree y espera, porque se sabe necesitada de una fuerza que aún no tiene, pero con la que cuenta.

✳ Cuestiones ✳

✦ *¿Qué le dirías hoy a tu adolescente?*
✦ *¿Qué sueños se han cumplido?*
✦ *¿Recuerdas ese periodo desde la dificultad o el proyecto?*

MIS NOTAS 📝

HABITACIÓN LUMINOSA

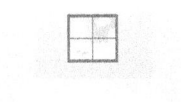

Justo enfrente hay un gran resplandor que sale de una enorme sala. Luminosa y atrayente. Me acerco con cierto reparo, pero también con deseo. Camino con paso lento, pero seguro. Al acceder a la estancia me encuentro con una joven. No me cuesta reconocerme en esa muchacha. Es más cercana en el tiempo. Me mira y la miro. Nos sonreímos con agradecimiento. Me acompaña hasta un cómodo sofá y nos sentamos. La habitación es cálida. Hay algunas plantas, estanterías con libros, fotografías... todo muy ordenado y cuidado.

Me coge de las manos y yo las aprieto. No puedo dejar de reconocer las dificultades, los sufrimientos y contrariedades que fraguaron la madurez. Iniciamos un cálido diálogo en el que compartimos momentos, circunstancias, relaciones y acontecimientos que marcaron este periodo.

El aspecto social es peliagudo. No podemos desligarlo de los dos comentados anteriormente. Nacemos, crecemos, nos desarrollamos, nos reproducimos, y en el mejor de los casos, morimos, acompañados por otros.

Llegamos al mundo en un entorno social. Una socialización primaria que está determinada por nuestros padres y el núcleo familiar. Condicionada por los afectos. Donde vamos aprendiendo normas de comportamiento, un código ético y unas maneras de relacionarnos. Donde se nos prepara para la socialización secundaria en la escuela y los grupos de iguales. Se nos forma para ser buenos ciudadanos y buenas personas. La sociedad nos modela y nos forma según unos patrones consensuados. No somos tan libres como nos creemos. Hobbes, Locke o Rousseau nos explicarían los efectos de la socialización. Y es que, lo que el ser humano no tiene por naturaleza, la sociedad se lo da por aprendizaje.

Somos seres sociales, y necesitamos de los demás. Nuestra historia está llena de nombres. Desde nuestros primeros amigos, maestros, novietes, hasta aquellas personas que nos acompañaron en tantos momentos importantes de nuestra vida. Quienes han llorado con nosotros, y quienes han reído con nosotros. También los hay que han hecho las dos cosas.

Personas que han aparecido en algún momento, y con las que hemos caminado un tiempo, y luego por designios de la vida, se han marchado. Quienes nos han acompañado tramos más largos de nuestra historia; los que han optado por otras relaciones, y aquéllos que se han ido dejándonos un buen sabor de boca. Las relaciones no suelen ser eternas.

Relaciones no siempre fáciles, no exentas de conflictos, de encuentros y rupturas. La habitual fuente de sufrimientos que tenemos son las relaciones. Donde experimentaremos alegrías, pero también desencuentros y lágrimas.

Es un reto la convivencia, la comunicación y las interpretaciones. Un arte en el que invertiremos parte de nuestro tiempo, y que necesita un aprendizaje continuo para construir más de lo que podamos destruir. Para cuidar, valorar, crecer, reír y soñar.

Dificultades sociales

Desgraciadamente, también están aquellas otras que se acaban por desgaste.; porque lo que unía ya no lo hace; lo que se compartía se acabó, y no tiene sentido mantener una relación vacía y estéril.

Hay ocasiones en las que hay que reconocer que no es posible seguir. Que el tiempo y las circunstancias nos cambian. Que no podemos volver a mirar, a tratar, a abrazar, a quien nos ha hecho daño, nos ha decepcionado, o nos ha despreciado. Hay heridas que no van a cicatrizar más que tomando distancia. Y no es un drama.

Es una sencilla realidad. No nos tenemos que llevar con todo el mundo, ni bien y ni mal. Hay relaciones que resultan imposibles, porque partimos de puntos de salida y de llegada diferentes. En algún momento, pudo ser, pero quizás ya hoy, es imposible sostener. Hay que alejarse por un bien común. Marcharse por evitar daño, y quedándose con el convencimiento de que se hizo lo que se pudo, siendo conscientes de que no podemos cambiar a la otra persona, ni dejarnos manejar por otros. Cada uno tenemos nuestra personalidad, nuestra historia, experiencias y maneras de entender la vida y vivirla. No se puede imponer ni renunciar a nuestros valores. Cuando una relación se puede ver abocada a esta situación, mejor romper para un bien mayor.

No conocemos todas las razones. No sabemos todos los elementos que puede haber detrás, pero sí sabemos lo que nos conviene y lo que no. Una despedida a tiempo, evita sinsabores, y permite asumir responsabilidades. Terminar bien, deseándole al otro, con bondad, salir con naturalidad de nuestra vida, y permitirle que tenga un futuro próspero.

Hay relaciones que se han consolidado algo más en el tiempo porque ya hay una unión más específica. Bien sea un compromiso de pareja u otra opción de vida. Todos tenemos experiencias de todas ellas. Y seguro que de algunas otras. Y quizás, por eso, podemos analizarlas, compartirlas y comprenderlas.

Hemos vivido momentos importantes en la vida académica. En la Facultad hemos conocido compañeros, que sencillamente formaron parte de ese periodo y después no llegamos a saber nada de ellos. Cumplieron una función concreta. También es posible que algunos de ellos hayan quedado como esos amigos y amigas que no nos vemos en años, pero que cuando nos encontramos, no ha pasado el tiempo. A mí, me vienen a la mente algunos rostros.

Relaciones que te hacen crecer, reír, valorar los pequeños detalles de cada día. Con las que puedes compartir, abrir tu intimidad, y experimentar el consuelo de quien te acepta como eres, y te quiere sin buscar cambiarte. Quien no te da consejos sino consuelos. Sentir la caricia de una mirada. Escuchar la palabra comprensiva. Acoger el abrazo que une, derrama afecto y complicidad.

Cuando llegamos al mundo laboral vamos a coincidir con otras personas. Compañeros de trabajo. Ya sea porque se trabaje siempre en el mismo sitio, o se opte por otros trabajos, los compañeros también cambiarán. Y algunos quedarán como amigos, y la mayoría pasarán a formar parte de nuestra historia.

En este ámbito se dan muchos tipos de relaciones. Por una parte, están las profesionales sanas. Las de compañerismo. Esas en la que nos enfocamos hacia el bien común. Nos comunicamos, confiamos unos en otros, nos comprendemos. Hay cercanía, sinceridad y buen ambiente.

Por otra parte, están las relaciones competitivas. Personas que buscan sus propios objetivos y los demás son medios. Les ayudan a conseguir sus metas. Son ésos, que usan a los demás. Que los utilizan para ponerse ellos las medallas a costa del trabajo y el esfuerzo de otros, y terminan haciendo daño y destruyendo. Hay personas que ven a los demás como obstáculos en sus logros, y maquinan la manera de destruirlos o perjudicarlos. Sin escrúpulos ni cargo de conciencia. Las personas se convierten en objetos de los que servirse sin valor alguno.

Personas que se transforman cuando se les da un «cargo». Se crecen y se creen por encima de los demás. Adquieren unos derechos que nadie les ha dado, y que ellos se han tomado. Se convierten en dictadores. Personas intransigentes y déspotas.

Personas que se relacionan desde tres actitudes diferentes[1]:

~*Agresivos*. Son los dominadores. Sus derechos e intereses por encima de todo y de todos. Caracteres fuertes, rudos, intransigentes. Impositivos y amenazantes. Implacables. Con pocas habilidades sociales. Poder para subordinar personas, ideas, iniciativas... Lo suyo es lo mejor. Nada de respeto, acogida, oportunidad ni espacio a nadie. No ceden terreno ni dan opción para que pueda haber alternativas a sus maravillosas ideas, trabajos o decisiones.

~*Pasivos*. Son los flojos. Parece que trabajan más que nadie porque nunca tienen tiempo de nada. Están siempre agobiados en su relajación. Su trabajo no es tanto el efectivo, por el que se le paga, como el que realiza para conquistar sus metas personales, que nada tienen que ver con las profesionales. Como no se dedican a lo que deben, tienen tiempo para otros objetivos. Les interesan las relaciones. Tener información. Conocer a quienes tienen alrededor. Una de sus funciones, es ser buenos informantes a los puestos superiores. Por eso perviven en las empresas. No rinden, pero

---

[1]Cf. M. VICTORIA ROMERO HIDALGO, *o.c.*; 114-117.

complacen. Saben lo que quieren los directivos, y se afanan por satisfacerlo. Todo a costa de que otros hagan su trabajo o parte de él.

Este perfil se complica cuando tienen alguna responsabilidad. Su pasividad se traduce en que, ya no solo no hace, sino que impide que otros hagan. Pausan la evolución. Otro rasgo a destacar es que, como no les van los esfuerzos, ni las complicaciones, se evaden cuando en su sección hay dominadores. Los dejan hacer para evitar enfrentamientos, malas relaciones o quedar en entredicho ante los superiores. Como su foco de interés no es el trabajo en sí, pues no se ocupa de regular funciones, facilitar la participación, o atender a iniciativas novedosas. Deja hacer o deja de no hacer, según se mire; o todo a la vez.

Son unos « queda bien » que no evitan abusos, y que callan situaciones de injusticia para no desairar a los dominantes, aunque sea a costa de aplastar a quienes son más prudentes y respetuosos. Es más, son capaces de dejarse ningunear por dominadores para mantener relaciones y un ambiente de aparente tranquilidad.

Otro aspecto interesante, es la percepción que tienen de las personas trabajadoras. Las tienen más o menos controladas, porque pueden llegar a resultar una amenaza que erradicar. La eficiencia, la dedicación, el trabajo bien hecho, puede resultar peligroso si se contrasta con su inactividad y dejadez. Ponen el acento en potenciar sus relaciones para contrastar, y que no se note demasiado.

—*Pasivo-agresivo.* Estos son quizás los más peligrosos. Son muy sutiles. Actúan de una manera complaciente, pero buscando los puntos débiles de la otra persona para conseguir quitarle lo que tiene. Saben ganarse su confianza para terminar destruyéndola. Trabajan, pero con el objetivo puesto en sus fines personales. Son esos lobos con piel de cordero. Una mezcla peligrosa y llena de habilidades sociales, deseabilidad social y conquista personal de objetivos. Egoístas complacientes.

Todos son perfiles corruptos:

«*Corrupción significa unirse para quebrantar. El término mismo habla del pacto entre el poderoso tentado por una oferta ilícita y el particular tentado por un posible atajo para forzar el espíritu de las leyes. Es una moneda con dos caras (duras)*»[2].

Se quiebran las relaciones; se rompe a las personas; se destruye la honestidad; se devalúan las instituciones, las organizaciones, los grupos. El poder del oportunista, del vendedor de humo, del trepa, del vividor que ha conquistado al líder, al jefe, al último responsable. Una ruptura de la honestidad, los principios, los valores, que se han convertido en moneda de cambio de personas con cara dura, y afectos fríos y psicopáticos.

Una invitación para aprender a detectar relaciones altamente peligrosas, valorar las relaciones

_____

[2] https://www.milenio.com/opinion/irene-vallejo/arrecife-con-sirena/zona-de-sombra

que construyen, y posicionarnos ante ellas. Aquí sería aconsejable volver a revisar el punto de la afectividad.

Retos y tóxicos

Paralelamente al mundo laboral, nos vamos relacionando con otras personas. Nuestro mundo social se ha ido abriendo. Nos movemos en distintos contextos según inquietudes, preferencias, gustos, aficiones... En esos medios vamos a encontrar personas que nos ayuden, pero también que nos dañen. Unas veces, por estar heridas, y otras por pura maldad. El ámbito donde más claramente he apreciado esta distinción fue el tiempo que pasé trabajando en un centro penitenciario. La gran mayoría de las personas que traté era hombres y mujeres equivocados. Personas que, por circunstancias de la vida, carencias personales o malas decisiones, habían terminado allí. No había intención de dañar, aunque ésa hubiera sido la consecuencia de sus actos.

Pero también había un pequeño porcentaje de personas malas. Mentes retorcidas, analfabetos afectivos, incapacitados sociales, que no saben ni pueden aprender a tratar a los demás. Personas con apariencia de normalidad, pero con un interior turbio y lleno de maldad.

Lo que sí he constatado es que hay otra categoría que no es fácil de identificar hasta que caes atrapada en sus redes. Luego, es más costoso alejarlas. Son las personas tóxicas.

No es fácil detectarlas cuando han conquistado a su víctima. El perfil es muy variado, pero hay rasgos que las definen. Son personas solitarias, con pocas relaciones sociales. En parte, debido a que les faltan habilidades sociales. Muy centradas en sí mismas. Egoístas y narcisistas. Necesitan a otros para salvar su soledad y buscar quien les haga sentir importantes. Utilizan a las personas. Para afianzar los vínculos procuran que poco a poco esa persona vaya perdiendo relaciones hasta atraerla totalmente. No saben crear buen ambiente, pero intentan satisfacer a quien capta para que no se le vaya.

En último término buscan conseguir una dependencia emocional, donde la otra persona sea prácticamente una posesión. Pueden llegar al intento de infantilizar al otro para ejercer mayor dominio sobre él.

Buscan tener razón, monopolizar conversaciones y cuestionar argumentos para quedar por encima. No son fáciles de tratar porque no tienen suficientes habilidades sociales.

Culpabilizan en exceso o descalifican. Les cuesta asumir sus propias limitaciones y subrayan las de los demás, en un intento de mejorar su autoestima dañada. Tienen dificultad para valorar a las personas. Las ocasiones en que pueden hacerlo son contadas, y teniendo claro que a ellas no les perjudique.

Les cuesta ser empáticas. Sintonizar con los sentimientos de la otra persona. Infravaloran emociones y es muy difícil que lleguen a evaluar el impacto emocional en los demás. No reconocen que pueden hacer daño. En ocasiones pueden hacerlo en un ejercicio de asumir pérdidas. Pueden llegar a humillarse por no saber gestionar la situación. Entonces se presentan como víctimas. Una forma de conseguir la atención de los demás, mediante la compasión. Un intento de restablecer lo que haya podido estropear.

Son manipuladoras. Intentan amoldar la realidad a sus intereses. Tergiversan, distorsionan o simplemente mienten. Pueden llegar al chantaje si con eso consiguen sus metas.

Buscan un control emocional sobre los demás, lo que las puede llevar, en ocasiones, a no respetar límites. No piensan en la vida privada, las relaciones y todos los espacios de la otra persona. Acaparan y ejercen una influencia total sobre el otro. Despiertan sentimientos de culpa si no son atendidos. Buscan ser cuidados y protegidos.

En todo este cuadro puede haber muchas variaciones. Pero lo cierto en todos los casos, es que no hacen sentir bien, no favorecen el desarrollo personal, ni el crecimiento afectivo.

Daño, opiniones y responsabilidad

Retomando lo que dejé mencionado sobre el daño. Este aspecto se refirió en la parte afectiva, pero ahora lo centraré en las relaciones sociales.

Todos nuestros actos tienen consecuencias. Unas veces favorables y agradables, y otras, negativas y dañinas. También es cierto que no en todas las ocasiones somos conscientes. Hay veces en las que no nos damos cuenta. Por eso, es importante también escuchar y confrontar, siempre que se pueda. Más desde los argumentos que desde las opiniones.

Opiniones hay tantas como personas. Y quizás la pregunta en este punto sería: ¿es verdad que todas las opiniones son respetables? Y casi que automáticamente, diríamos que sí. Pues propongo darle una vuelta a la cuestión. Si la pensamos un poco, la respuesta es no. El derecho es a expresar la opinión, pero la respetabilidad de las opiniones depende de lo que se exprese. Puede haber opiniones estúpidas, simples, blasfemas, injustas, intolerantes, racistas... La opinión no tiene por qué ser respetable.

Un tema es la libertad para expresar la opinión, y el respeto a la persona, y otra bien distinta, es el de tener que respetar una opinión que quizá no sea merecedora de respeto. Está en función de lo que se exponga. No tengo que aceptar un planteamiento sin más, porque estaría silenciando, amordazando y reprimiendo el sentido critico de la realidad, de las personas y sus valores. Igual que todo el mundo no es bueno, tampoco todas las opiniones lo son. Vivimos un momento de relativismo, de deformación de principios y de intolerancia a la frustración. Es más, los planteamientos más fundamentalistas son los que piden tolerancia, paradójicamente. Las opiniones se tienen que argumentar para poder tomarlas en serio. Reflexionar, fundamentar, razonar una opinión. Lo demás es imponer una verdad particular que no se sabe exponer ni demostrar.

Mi verdad no es la verdad si no está bien cimentada y lógicamente desarrollada. No vivimos de verda-

© narcea, s. a. de ediciones

des subjetivas sino de la búsqueda de verdades que den consistencia a nuestros planteamientos vitales.

Hay opiniones en las que no es aconsejable perder el tiempo. Como conversaciones que no llevan a ninguna parte, porque no hay búsqueda, sino resultados satisfactorios para justificar una postura cerrada y exclusiva. Escuchamos opiniones cuando están trabajadas, confrontadas y maduradas. Opiniones sujetas a emotividades, infantilismo o radicalismo, no son respetables, porque quien las dice tiene que valorar y valorarse previamente, para hacer valer sus palabras y sus planteamientos. Es como pretender tolerancia siendo intolerante, o hablar de justicia cuando se es injusto. Una opinión, cuanto menos debe ser coherente, cohesionada y sensata. Eso de «esto es así porque lo digo yo (o lo pienso)», no es nada serio ni digno.

En este terreno, hay concepciones de las opiniones. Hay personas que consideran que sus opiniones son tan importantes o trascendentales, que las darán cuando se las pidan. Y se pueden sentar a esperar, porque quizás se les valore más por lo que hacen que por lo que puedan decir; por ser obediente a quien le manda, que porque el criterio que pueda tener en lo que hacen. No son tan importantes como creen para que se les pida su opinión.

Opinar es un derecho. Forma parte de nuestra libertad de expresión. El respeto es otro derecho que limita las opiniones. Y esto es importante tenerlo claro en las relaciones. Puedo expresarme. Más aún, debo hacerlo, pero tengo que aprender a fundamentar mis opiniones. El silencio ante una situación perjudicial puede ser complicidad con el mal que se realiza. Martin Luther King decía:

«No me preocupa el grito de los violentos, de los corruptos, de los deshonestos, de los sin ética. Lo que más me preocupa es el silencio de los buenos».

Desgraciadamente, es una actitud que se da en muchos entornos sociales. Más silencio cuando el precio de la pérdida puede ser mayor. Esto desemboca en un anestesiarse del dolor del otro. Aristóteles consideraba que la indiferencia es una actitud de idiotas. Es un egoísmo emocional que aleja de toda empatía solidaria.

En el mundo laboral, el silencio se hace eco. Hay organizaciones donde no se tolera la discrepancia, el desacuerdo o la crítica. Quien ostenta el poder no admite opiniones diferentes a sus ideas. De esta forma se favorece que el malestar se exprese en lugares inadecuados, que destruyen más que construyen. Son ámbitos donde las opiniones se extinguen porque gana la necesidad del medio de vida.

Más peligroso aún, es cuando las opiniones no son auténticas. Se dice lo deseable socialmente para ser aceptado, para conseguir objetivos o para no tener problemas. El criterio y la opinión son externas porque están tan devaluados que el precio (que no valor) se lo da el sueldo que se cobra, o el reconocimiento de un superior. Vivir sin principios aceptando lo que otros hacen o dicen, por miedo a las pérdidas o aspirando a unas ganancias deshumanizadas.

Cuando un entorno social, del tipo que sea, no está abierto a opiniones, está muerto. Escuchar a otros genera un dinamismo de cambio social y organizativo, que enriquece y estimula a quienes trabajan en la misma misión. Los hace participantes activos y corresponsables de los objetivos. Contribuye a que las personas se sientan realizadas.

Dar una opinión no lleva aparejado que se tenga que realizar. Sí que se tenga que considerar y valorar, pero no lleva la aceptación implícita. Es una perspectiva a tener en cuenta sin compromiso de realización.

Opinar es sano y necesario si se hace con criterio, con objetividad, con la finalidad de buscar el bien, la verdad y la justicia. Opinar es una característica importante de un ser pensante, que valora lo que le rodea y sabe situarse en su entorno social y personal. Opinar es un ejercicio de reflexión y de responsabilidad. Hay que formar bien las opiniones.

Confrontar precisa diálogo, apertura y deseo de aprender. Vivir desinstalados de mis verdades y mis razones para saber acoger lo que desconozco. El reto es desaprender. Quienes viven encerrados en sus certezas, están amenazados de autoengaño.

Otro aspecto importante es hacernos conscientes de las consecuencias de nuestros actos. Ser responsables. Aunque en algún momento pueda parecer que no tengo en cuenta lo positivo o lo logrado, esas conquistas son para alegrarse y potenciarlas. Donde se debe reparar y aprender es en lo no conseguido. No se trata de pensar que esto es negativo o de pesimistas. Como dice una amiga mía, un negativo o pesimista, es un optimista bien informado. Por eso vamos a poner el foco, en este tema, como en los anteriores en aquello que nos falta.

La responsabilidad es un ejercicio de nuestra libertad. Cuando elegimos, nos quedamos con algo y descartamos otras opciones. No porque sean malas, sino porque quizás sean menos buenas. Con lo que escogemos nos debemos sentir satisfechos porque lo hemos hecho de acuerdo a nuestras preferencias.

En las relaciones sociales también hay elecciones. Tratar bien o maltratar. Respetar o utilizar. Valorar o desacreditar. Incluso, querer o ignorar. Todo este tipo de comportamientos tienen consecuencias. Y es necesario y conveniente valorarlo. Sin agobios ni exigencias, pero sí en responsabilidad.

Yo le digo a mis alumnos que lo que hacemos siempre repercute en alguien. Primero en nosotros y después en los demás. Lo bueno, alegra y crea buen ambiente. Lo no tan bueno, hace daño, rompe y perjudica. Y de esto también somos responsables.

Hay personas que cuando algo resulta bien se atribuyen el mérito, y cuando sale mal, buscan culpables. Problema de responsabilidad.

Cuando somos conscientes de la responsabilidad que tenemos, no solo lo procesamos mentalmente, cognitivamente, sino que nos afecta. De afección y de afectos. Afección porque modifica nuestro estado físico. Nos pone «enfermos» por el dolor causado, y nos sentimos a disgusto, molestos, intranquilos. Afectos porque nuestra sensibilidad se ve afectada y experimentamos la emoción de tristeza e incluso de ira. En un sentido y otro, sentimos dolor. También lo traducimos por culpa. Cuando nos sentimos culpables, nos encontramos mal con nosotros mismos por el daño causado. Y es importante que así sea, porque mostramos sensibilidad y empatía.

Pero no nos debemos quedar ahí. La responsabilidad está en intentar solucionar el daño causado, en la medida que se pueda. De lo contrario, habrá que ponerse el termómetro de la humanidad, porque aquí nos jugamos la esencia de las relaciones.

Si sintonizo con el dolor del otro, o me es indiferente. Cuando cargo con sus dolores, me aproximo a ellos, intento comprender; o dejo que él se arregle. Esa dejadez dice mucho. Cuando sé que alguien lo está pasando mal y tomo distancias porque esa situación atenta contra mi bienestar, poco importa la otra persona. Si se desahoga un dolor buscando confianza, y después de ese momento no se vuelve uno a interesar cómo sigue la persona, es porque realmente nunca importo. Todos estos momentos nos van desafectando, haciendo duros, impasibles, inmisericordes. Egoístas, encerrados en nosotros mismos y lo nuestro.

Cuando los afectos dejan de importar en las relaciones, nos animalizanos. Y conste, que los animales sienten.

Justicia social

Es un aspecto, desgraciadamente marginado y olvidado, ante el que es fundamental detenerse. La justicia social[3] es una virtud cardinal, junto con la fortaleza, la templanza y la prudencia. Es la virtud social por excelencia. Forma parte de la tradición filosófica clásica. Platón ya la planteaba. En el mundo romano, el ideal de *uirtus* se refería a una expresión máxima de cualidades humanas. Correspondía con la noción griega de la *areté*[4]. Se trata de la integración armónica de la persona, más que en su conducta.

Cuando el romano se refiere a la virtud, lo hace incidiendo en el comportamiento íntegro de la persona de acuerdo con las cualidades características de las distintas virtudes. Una de ellas es la *Iustitia*. Δικαιοσύνη (justicia en griego) alcanza en Roma una proyección fundamental en la vida pública. «La justicia es la equidad que le otorga a cada uno lo que le corresponde en virtud de su merecimiento» (Retórica a Herennio). En la esfera personal, la *iustitia* forma parte de los valores exigibles a un buen romano en su comportamiento.

La justicia en sentido amplio se entiende como una reciprocidad. Dar al otro (y también a Dios) lo que es debido. Podemos recogerla en el lema «a cada uno lo suyo». Es una virtud de derecho, que trata de regular con equidad las relaciones entre las personas. La finalidad es que en la sociedad cada uno sea tratado según su dignidad. Una consideración que no nos da nadie ni se conquista por méri-

---

[3] Catequesis número 13 dedicada a los vicios y las virtudes. Papa Francisco sobre La Justicia. 3-4-2024. https://www.youtube.com/watch?v =k9miPZ9vA PU&ab_channel= Enticonf%C3%ADo

[4] Antonio MORENO HERNÁNDEZ, *Cultura grecolatina: Roma I*, UNED, Madrid 2023, 299.

tos propios. La dignidad es el valor que tenemos por el sencillo hecho de ser humanos.

«La dignidad no es concedida a la persona por otros seres humanos, sobre la base de determinados dones y cualidades, de modo que podría ser eventualmente retirada. Si la dignidad le fuese concedida a la persona por otros seres humanos, entonces se daría de manera condicional y alienable, y el significado mismo de la dignidad (por muy digno de gran respeto que sea) quedaría expuesto al riesgo de ser abolido. En realidad, la dignidad es intrínseca a la persona, no conferida a posteriori, previa a todo reconocimiento y no puede perderse. Por consiguiente, todos los seres humanos poseen la misma e intrínseca dignidad, independientemente del hecho, sean o no capaces de expresarla adecuadamente»[5].

La justicia favorece la convivencia entre las personas. Una sociedad necesita leyes, normas que regulen el respeto. De lo contrario esto sería una jungla en la que sobreviviría el más fuerte. Sin justicia no hay paz. Si la justicia no se respeta, surgen conflictos.

La justicia no concierne solo a una esfera puramente social, en un sentido amplio, sino también en lo más concreto y cercano. No nos quedemos en cuestiones de tribunales, jueces o prisiones. Podemos aterrizar en nuestra vida cotidiana. En nuestras relaciones más cercanas. En la ética que las caracteriza. En la sinceridad de las relaciones.

---

[5] Declaración del Dicasterio para la Doctrina de la Fe *Dignitas infinita sobre la dignidad humana*, n.º 15.

Medias verdades, discursos sutiles, expresiones complacientes, se alejan de la justicia, porque buscan engañar a los demás. El ocultamiento de las verdaderas intenciones no es acorde con la auténtica justicia. La persona justa es recta, sencilla, directa y transparente. Dice la verdad. Expresa gratitud.

La persona justa tiene un gran respeto por las leyes. Sabe que son la herramienta por la que se protege a los más indefensos de los poderosos. No busca solo su bienestar, sus logros o proyectos. Tiene muy en cuenta el bien común. El bien personal es el bien de todos. Cuida sus actitudes para no perjudicar a los demás. Es capaz de renunciar a sus fines para ofrecer un bien a la comunidad.

En el mundo del trabajo, lo central deben ser las personas. Se tienen que generar dinámicas justas. Rechazar recomendaciones, favoritismos y personas oportunistas. Valorar la responsabilidad y la legalidad. Reconocer un salario justo, y unas condiciones laborales, en las que los trabajadores se sientan tratados dignamente y respaldados en sus derechos laborales.

Un empresario justo, una organización o institución justa, es aquella que no permite que un trabajador no pueda llegar a fin de mes con su nómina; quienes no consienten que la persona tenga que pluriemplearse para alcanzar una jornada completa; los que se preocupan de que el sistema de cotización les permita a sus empleados jubilarse con los años de trabajo regulados legalmente, y tener una pensión justa.

Fuera de esto, se cometen injusticias, avaricia, aprovechamiento de quien ofrece tiempo, conocimientos y experiencia, sin recibir lo que le corresponde para una vida laboral digna.

No hay justicia cuando los niños son mano de obra barata para grandes empresas. Grandes multinacionales que trasladan sus centros de producción a lugares donde no hay un marco legal que regule las relaciones laborales, o los salarios justos. Es importante conocer esta realidad para no contribuir a ella, evitando comprar productos que proceden de este comercio humano.

No hay justicia cuando no se hacen contratos de trabajo y se paga en «dinero negro». Trabajos infrarremunerados, sin horas registradas, sin control legal. Condiciones de trabajo precarias en las que se ofrecen un número deficiente de horas. Seleccionar personal para contratos de prácticas buscando ahorrar dinero en profesionales bien cualificados. Estos sistemas generan pobreza económica y humana.

«Cuando hablamos de dignidad social nos referimos a las condiciones en las que vive una persona. En la pobreza extrema, por ejemplo, cuando no se dan las condiciones mínimas para que una persona viva de acuerdo con su dignidad ontológica, se dice que la vida de esa persona pobre es una vida "indigna"»[6].

No hay justicia cuando entre productores y consumidores, quienes regulan los precios son los in-

---

[6] *Ibid.*, nº8.

termediarios. Establecen márgenes de ganancia abusivos, empobreciendo a quienes generan en su origen, y estableciendo precios de mercado desorbitados.

«El respeto de la dignidad de todos y de cada uno, es la base indispensable para la existencia misma de toda sociedad que pretenda fundarse en el derecho justo y no en la fuerza del poder»[7].

Hay una tremenda contradicción y de una gravedad extrema en este asunto de justicia social e individual que merece una valoración. No es independiente. No está desvinculada, justicia y fe. Condiciones dignas y evangelio. Jesús denunció las injusticias, los atropellos a los más indefensos y los abusos de poder. Una persona, una institución, una empresa, una organización que proponga en la sociedad valores cristianos, no puede aprovecharse de sus trabajadores, colaboradores o voluntariado. No se puede anunciar un ideario cristiano, un programa evangélico, aprovechándose de las personas. Su misión es un servicio al bien social y personal de quienes están implicados en su labor.

Justicia social, y justicia individual. La persona justa, se aleja de chismes, calumnias, mentiras o falsos testimonios, el fraude, el chantaje o el soborno, que carcomen las relaciones sociales. No tolera la burla ni la deshonestidad. Cumple su palabra. No dice para desdecirse después. Son soñadores de la fraternidad universal.

---

[7] *Ibid.*, nº 65.

Algunas claves

Hay algunas claves que quizás puedan ayudar en este ámbito. No pretende ser un vademécum de relaciones sociales, sino una propuesta.

- La *primera clave* es tratar nuestro mundo afectivo con cariño, misericordia y discernimiento. Buscando nuestro bien, pero también querer bien a los demás. Quien vive ocupado en esto no tendrá tiempo para criticar, mal hablar o infravalorar a nadie.

- La *segunda clave* es vivir en verdad. Desde la sinceridad, pero también desde la prudencia. No es más sincero el que dice todo, sino el que mide lo que dice. En un mundo de mentiras, vivir en verdad es un desafío.

- La *tercera clave* es conocerse bien para aprender a conocer a los demás. No dejarse llevar por las apariencias porque muchas veces engañan. Podemos tener la experiencia de esos lobos con piel de cordero. Cuidar bien en quién se pone la confianza.

- La *cuarta clave* es viajar. Salir de nuestra zona de confort. Conocer a otras personas, otros lugares. O hacerlo con personas con las que nos lo pasamos bien. Nos reímos y disfrutamos de las pequeñas anécdotas. Ampliar nuestro entorno social. Ayuda a relativizar y tener otras perspectivas.

- La *quinta clave* es recomenzar. No desesperar porque haya relaciones que no funcionan. No cerrarnos ni desconfiar de quien se acerque a nosotros. Ser amables y observadores.

- La *sexta clave* es valorar a nuestros amigos. Algunos pueden ser más cercanos que nuestra propia familia. Los hermanos son amigos que nos da la naturaleza. Los amigos son hermanos que nos da la sociedad.

Hay otra faceta social que también requiere cierto tratamiento. La de los valores o antivalores sociales. Lo social nos envuelve, pero no tiene por qué dominarnos, condicionarnos o alejarnos de nuestros principios.

Necesitamos cosas para vivir, pero en nuestro interior también hay un anhelo de algo más. Lo material no nos llena. Es más, cuando alcanzamos un logro, necesitamos poner otro para seguir adelante. Somos seres insatisfechos. Estamos llamados a buscar el camino de lo humano. Lo que compartimos todas las personas. Lo que nos humaniza verdaderamente. Distinguir lo cierto de lo falso. Se hacen campañas de los productos de imitación, de falsificaciones, y a veces no somos capaces de detectarlo en nuestra propia vida.

Tenemos una gran variedad de productos. Esta sociedad consumista nos ofrece de todo, pero nada parece satisfacernos totalmente. Poner nuestra felicidad, seguridad o futuro en los bienes es de necios. No podemos volcarnos en lo que podemos adquirir porque es efímero. Se acaba, se gasta, o se estropea. Solo tenemos que mirarnos a nosotros mismos. Lo que sale de nuestras propias manos siempre será creación imperfecta, porque somos limitados.

Nuestra sociedad es la de la inmediatez, la rapidez, el «ya». Los asuntos importantes requieren pa-

© narcea, s. a. de ediciones

ciencia, pensar, esperar. Tomar decisiones con calma, dejando que el tiempo nos vaya ayudando.

Es importante tomar conciencia de todo esto, para entender que nuestra vida tiene un para qué, que no está en el mercado, la tecnología, el éxito, el bienestar, ni se puede alcanzar. Aprender a situarnos en esta sociedad capitalista, utilitarista, efímera, que ofrece una felicidad que solo es humo. Cuando pasa el encantamiento, porque algo se tuerce, aparece la enfermedad o llega la muerte, descubrimos que hemos vivido una alucinación, un espejismo, pero quizás sea ya tarde.

Estamos invitados a vivir desde la bondad, la verdad y la belleza, pero esto tiene un alto precio. Nos hace vulnerables. Lo que se nos vende es que tenemos que ser fuertes, seguros, los mejores. Los débiles, sensibles, o con incertidumbres, no triunfan. Nos cuesta afrontar nuestra vulnerabilidad, la necesidad que tenemos de los demás. Preferimos la autosuficiencia para mostrarnos invictos, independientes y sobresalientes. Una apuesta que nos lleva a la soledad, al aislamiento, a la autoexclusión.

En el fondo se monta una realidad de papel donde lo fundamental es conquistar metas, vivir por encima de nuestras posibilidades, y aspirar a una vida que no tiene límite. En esa carrera vamos cerrando puertas importantes. Nos vamos negando a nosotros mismos, nuestras capacidades auténticas, el encuentro con la alegría y el disfrute de los pequeños detalles, y los momentos sin precios, pero llenos de un gran valor.

Reprimimos lo esencial y nos quedamos atrapados en una gran fortaleza. Seguros, pero aislados. En un mar de soledad rodeada de inmensidad. Sin tacto ni contacto, donde nos estamos alejando de un para qué que da sentido a toda nuestra existencia.

Nos miramos y nos agradecemos el rato compartido. Nos despedimos con un gran abrazo. Me encamino a la última habitación, al final del pasillo.

▣ PARA REFLEXIONAR[8] ▣

«El rico industrial del Norte se horrorizó cuando vio a un pescador del Sur tranquilamente recostado contra su barca y fumando una pipa.

—"¿Por qué no has salido a pescar?" –le preguntó el industrial.

—"Porque ya he pescado bastante por hoy –respondió el pescador".

—"¿Y por qué no pescas más de lo que necesitas?" –insistió el industrial.

—"¿Y qué iba a hacer con ello?" –preguntó a su vez el pescador.

—"Ganarás más dinero" –fue la respuesta. "De ese modo podrías poner un motor a tu barca. Entonces podrías ir a aguas más profundas y pescar más peces. Entonces ganarías lo suficiente para comprarte unas redes de nailon, con las que obtendrías más peces y más dinero. Pronto ganarías para

_____
[8] José María Alvear. *Emociones. Escucho a mi corazón*, PPC, Madrid 2007, 56.

tener dos barcas… y hasta una verdadera flota. Entonces serás rico… como yo".

—"¿Y qué haría entonces?" –preguntó de nuevo el pescador.

—"Podrías sentarte y disfrutar de la vida" –respondió el industrial.

—"¿Y qué crees que estoy haciendo en este preciso momento?" –respondió satisfecho el pescador».

....

ᴥ UNA PINCELADA DE FE ᴥ

«*Los campos de cierto hombre rico dieron*
una abundante cosecha; y pensaba
para sus adentros: "¿Qué haré ahora,
si no tengo dónde almacenar todo el grano?".
Entonces se dijo: "Ya sé lo que voy a hacer.
Demoleré mis graneros y edificaré otros
más grandes; almacenaré allí todo mi trigo
y mis bienes, y me diré:
Ahora ya tienes abundantes bienes en reserva
para muchos años.
Descansa, come, bebe y banquetea".
Pero Dios le dijo: "¡Qué necio eres!
Esta misma noche te reclamarán la vida.
¿Para quién será entonces todo
lo que has preparado?".
Así es el que atesora riquezas para sí
y no se enriquece en orden a Dios»
(Lc12,16-21).

Es atrevido creerse dueño y propietario cuando uno es empleado e inquilino. Una llamada a situarse en la realidad de la vida, no en el espejismo que nos creamos. Mejor acoger la verdad, aunque no guste, que vivir una mentira que satisfaga.

Hombre rico en dinero, pero pobre en experiencia de vida. Descubrir que no somos dueños de nada es el principio de la sabiduría. No tenemos nada que no hayamos recibido. No somos dueños de nuestra vida. No controlamos el futuro. El tiempo y la vida, nos envuelven y no podemos dominarlos. Sin descubrir esto estamos desorientados y perdidos en nuestras madejas mentales. La necedad está ahí. El afán de dominio y de control, se pierde cuando llega la enfermedad y la muerte. Entonces es fácil reconocer el autoengaño y la fantasía.

La vida no se puede llenar de ocio descontrolado, dinero abundante, posesiones, comidas y disfrutes. Al final habrá que hacer balance de lo que hemos vivido. Como decía San Juan de la Cruz, «Al atardecer de la vida nos examinarán en el amor».

Un examen no de palabras bonitas, y sí de acciones comprometidas. No de conquistas personales, y sí de generosidad y entrega. No de bienes materiales, y sí de sonrisas auténticas y miradas tiernas.

El juicio final nos lo hacemos nosotros mismos con el legado que hemos dejado. Con el bien que hemos sembrado, o con las injusticias cometidas. Si hemos ayudado, promocionado, favorecido a las personas que hemos tenido cerca, o los hemos herido, mal tratado, engañado y aprovechado de ellas. Cuando más responsabilidad se haya tenido sobre otros, más duro será el juicio. Lo que hemos hecho con los demás, lo hemos hecho con Jesús (Mt 25,40). Las acciones nos delatarán y dictarán la sentencia merecida. Sin palabras persuasivas ni mentiras piadosas.

El examen será sobre el amor hecho obras. Lo demás se quedará aquí. Es momento de pensar qué huella queremos dejar en este mundo.

✳ Cuestiones ✳

+ *¿Cuáles son las principales dificultades que encuentras en las relaciones? Describe experiencias positivas y negativas que hayas tenido.*
+ *¿Te dejas llevar por lo que la sociedad te propone o tienes un criterio crítico? ¿En qué?*
+ *¿Cuáles serían tus claves de vida en clave de justicia social y relacional?*

MIS NOTAS 📝

ÚLTIMA HABITACIÓN

La puerta está cerrada, a diferencia de las otras. Esto me hace repensar lo que hacer. Lo más evidente es llamar. Se ve luz por debajo.

Toco suavemente, y desde dentro me abre una mujer mayor. Un par de décadas más que yo. Me invita a pasar. La luz es cálida, el espacio recogido, olor a limpio, fotografías de una vida en distintos lugares, libros e imágenes. Nos sentamos en un par de sillones alrededor de una mesa donde hay un té y unas pastas. Se inicia un diálogo profundo y experiencial sobre la vida:

Las personas somos seres complejos. No es fácil atrapar en palabras lo que nos define, caracteriza, y nos hace vivir. Somos sorprendentemente desconocidos, a la vez que misteriosos. El Misterio nos habita. Nuestras capacidades son limitadas, somos finitos, débiles y vulnerables. Estamos amenazados por una naturaleza que nos hace sentir indefensos. La socialización nos ayuda a paliar todos esos déficits, pero siempre queda un vacío. Una pregunta con la que empezábamos y que no es fácil responder. Necesitamos saber y controlar, porque el miedo nos lastima. Luchamos contra la incertidumbre, el dolor, la enfermedad o la muerte. Son los grandes interrogantes de la humanidad. Unas cuestiones que nos sacuden y que nos llenan de temores.

En nuestro interior late un deseo de más. De superar miedos y limitaciones, de vencer nuestra caducidad. Todos sentimos esta carencia. Y la solución no es nuestra. La dimensión espiritual sale al encuentro. El sentido de la vida necesita orientarse porque estamos llamados a ser felices. Y nosotros, a nosotros mismos, no nos damos felicidad.

Tampoco los demás llenan del todo nuestra vida. Quizá en momentos puntuales o en situaciones extraordinarias. Nos acercamos a esa felicidad cuando amamos y somos amados, pero de una manera efímera. En otras ocasiones experimentamos la tristeza de no ser aceptados, de no ser correspondidos y de la infidelidad. Las personas fallan, y nosotros no llegamos porque también nos equivocamos, y entonces surge la pregunta: ¿qué nos queda?, ¿hacia dónde buscar?

No hay una respuesta estándar, aunque sí una en la que podemos hallar esperanza. Nuestra sed de infinito, nos lo da un infinito que se llama Dios. Seamos más o menos creyentes, necesitamos proyectar nuestros vacíos en quien pueda llenarlos. Pedir a quien nos puede dar, o encontrar a quien buscamos. Ante esta realidad se dan muchas posturas.

Negación, resistencia, cuestionamientos... pero en el fondo volvemos ahí. No nos resignamos a nuestras carencias, impotencias ni miedos. Necesitamos alguien que se ocupe de nosotros porque nuestro poder, por mucho que nos engañemos, es poco.

A veces nos refugiamos en nuestra propia autosuficiencia, pero más pronto que tarde, cae. Cuestionamos lo que ignoramos porque la soberbia nos atrapa. Nos creemos dueños y señores hasta que aparece la contradicción, la enfermedad o la muerte. Y todo desemboca en que no podemos todo lo que ilusamente nos creamos y creemos.

No es una exposición persuasiva ni con ánimo de proselitismo. Sencillamente, es la experiencia de todos cada día. Cuando nuestra vulnerabilidad se pone sobre la mesa, nos desbordan las preguntas, y todas las certezas de mentira que hemos creado se derrumban como una torre de naipes, hay que preguntarse dónde agarrarse para no caer en la nada.

Ante la vida y el Dios de la vida

No podemos perder de vista que no nos damos nada. Que no nacemos cuando queremos, y no decidimos cuando llega la enfermedad o la muerte. Que son acontecimientos que sabemos que se presentan y nos hacen experimentar nuestra fragilidad y nuestros miedos. Que nos resistimos o negamos a Dios, hasta que caemos en el barro del que venimos. No somos eternos, aunque estamos llamados a la eternidad. La clave aquí está en escuchar la llamada. Quien no tiene experiencia de sentirse llamado, tampoco la tiene de saberse amado. Nuestro nombre nos da identidad. Nos define. Escucharlo es valorar la importancia que tenemos. Y esto solo parte de una experiencia de encuentro.

Ahora sí ahondo en un aspecto concreto. Quienes somos cristianos nos hemos sentido llamados por nuestro nombre. No nos llamamos a nosotros mismos. Es Otro y otros quienes nos llaman. Nuestro nombre no es para nosotros. Es para otros. Como nuestra vida no es nuestra porque no la hemos comprado. No hemos hecho nada para tenerla. Es un don, como todo lo que tenemos y somos. No nos hacemos a nosotros mismos, ni hacemos a nadie.

¡Qué importante es tener esta actitud agradecida! Libera de méritos absurdos e ideas falaces.

Una madre no hace a su criatura en su seno. Lo gesta, pero el niño se va haciendo solo y no se sabe cómo[1]. Sus órganos se van formando y la vida late en él. Su madre no hace nada. Le da todo, pero no hace nada. No programa que se haga el hígado y el intestino, y lo crea. Por eso es importante valorar el misterio de la vida y no atraparlo en esquemas irreales. Los hijos no son propiedad de los padres. Son dones. Frutos de un amor que no controlan y los posee. El milagro de la vida es un don de quien nos hace vivir. Lo demás es soberbia barata.

El ser humano se cree tantas veces dios. Con poder para decidir lo que quiere. Un poder que tantas

_____

[1] Se puede leer 2Mac 7,22. El segundo libro de los Macabeos se escribe entre los años 75-160 a.C. Un pensamiento con mucha historia.

© narcea, s. a. de ediciones

veces lo corrompe cuando no es servicio. Lo hace creerse por encima de lo demás, y mejor que nadie. Dueño de un mundo que no le pertenece, y al que termina destruyendo. Criaturas y creación víctimas de una vida mal entendida. Y cuando llegan los grandes interrogantes de la vida: sufrimiento, enfermedad y muerte, se convierte en un ser limitado y pedigüeño.

Dios da respuestas, pero no soluciones. No es una varita mágica que lo que se le pide lo concede, porque entonces no sería Dios, sino la proyección de mis carencias. Busco quien me arregle lo que tengo estropeado. Dios no es un técnico ni un reparador de daños. Tampoco el que tiene que hacer lo que yo le pido para creer en él.

La fe es un acto voluntario que nace de la experiencia de un Encuentro[2]. Y eso no se impone ni se condiciona. A Dios no se le manipula. No entra en nuestros esquemas ni tejemanejes. En ese encuentro se manifiesta el sentido y la bondad de nuestra vida.

«La fe no aparta del mundo ni es ajena a los afanes concretos de los hombres de nuestro tiempo. Sin un amor fiable, nada podría mantener verdaderamente unidos a los hombres. La unidad entre ellos se podría concebir solo como fundada en la utilidad, en la suma de intereses, en el miedo, pero no en la bondad de vivir juntos, ni en la alegría que la sola presencia del otro puede suscitar.

---

[2] "No se comienza a ser cristiano por una decisión ética o una gran idea, sino por el encuentro con un acontecimiento, con una persona que da un nuevo horizonte a la vida y, con ello, una orientación decisiva". BENEDICTO XVI. Carta encíclica *Deus caritas est.* Edibesa, Madrid 2006, nº1.

La fe permite comprender la arquitectura de las relaciones humanas, porque capta su fundamento último y su destino definitivo en Dios, en su amor, y así ilumina el arte de la edificación, contribuyendo al bien común.

Sí, la fe es un bien para todos, es un bien común; su luz no luce dentro de la Iglesia, ni sirve únicamente para construir una ciudad eterna en el más allá; nos ayuda a edificar nuestras sociedades, para que avancen hacia el futuro con esperanza»[3].

Dios está sin más. Ni fuerza ni condiciona porque cree y apuesta por nuestra libertad. Esa capacidad que tenemos para hacer bien o estropear. Con Dios no se juega. Es muy serio y paciente. No impone, propone. Nos llama por nuestro nombre. De manera personal y única, porque no nos ha hecho en serie. Somos criaturas originales. Y sí. No hemos salido de la nada, ni de un cúmulo de casualidades. Nacemos por voluntad de Dios de una mujer que no hemos elegido, en una familia que no seleccionamos, y en una sociedad que no buscamos.

Pensemos con sensatez lo que a todas luces es evidente. Somos demasiado buenos como para ser producto del azar. Estamos hechos con una precisión que aún no hemos conseguido comprender. Vivimos el milagro de la vida al que tantas veces nos hemos acostumbrado.

Nada de esto se puede comprender más que desde la experiencia. Quien vive en esta clave tiene una mirada trascendente, agradecida y llena de vida.

---

3 PAPA FRANCISCO, *Encíclica Lumen fidei*, San Pablo, Madrid 2013, 79-80. Nº51.

Los acontecimientos, las relaciones, las experiencias nos van zarandeando. Las seguridades se quiebran. Las confianzas se pierden. Las relaciones se gastan, y al final nos encontramos desnudos ante Dios. Es el único que va a permanecer. Nacemos de él y volveremos a él, porque somos suyos. No en nuestro sentido de propiedad, de bien adquirido, sino en el sentido del amante que espera que lleguen sus amados.

Podemos equivocar el camino en nuestra libertad imperfecta. Dejar a Dios al margen de todo, y vivir en la superficialidad del aquí y el ahora. Pero la pregunta seguirá latente esperando respuesta. No podemos definirnos sin Dios. Somos criaturas. Hijos de un amor que nos dio y nos da la vida. Seres necesitados con hambre de vida, de eternidad.

Nuestra vida sería una triste vida, si esta de ahora fuera vida verdadera[4]. Solo hay que mirar el mundo para caer en la cuenta de la limitación de esta realidad, de las injusticias y dolores. El ser humano ha acabado con la fraternidad, la solidaridad, la justicia y el bien común.

Con sentido

Vida puede ser para quien tiene dinero o poder. Un puesto importante, salud y juventud. Pero eso se acaba porque nosotros también nos acabamos, y luego ¿qué? Quien ha vivido así, puede decir que ha

---

[4] «Aquella vida de arriba, que es la vida verdadera...». Del poema *Vivo sin vivir en mí*. Sta. TERESA DE JESÚS. https://teresavila.com/poema/1-vivo-sin-vivir-en-mi/

vivido a su manera, pero si miramos otras realidades, podemos caer en el cinismo de pensar que los más desfavorecidos lo son porque se lo han buscado. No son merecedores de una vida digna porque nacieron en el lugar equivocado. Esto es tremendo, y lo peor es que se dice y se cree.

Nuestras relaciones también son un milagro. Pensar cómo nos conocemos. No es nada planificado. Sencillamente acontece. Cómo conocemos a nuestros mejores amigos o incluso a nuestras parejas. No depende nada de nosotros. Incluso, por qué elegimos a uno y no a otro. Por qué apostamos todo por una persona que no conocemos y comprometemos la vida. Siempre nos quedará el dejarlo a la casualidad. Como si ella decidiera con quién compartir la vida. Y así podríamos seguir describiendo situaciones en las que de una forma u otra llegaríamos a afirmar que hay un propósito en lo que nos sucede. Si no fuera así, seríamos víctimas de la indeterminación.

Pensar que no hay casualidades sino causalidades, nos hace descubrir que somos queridos porque somos cuidados. Incluso cuando las situaciones sean adversas, aparezca el dolor y el sufrimiento, somos cuidados. En la máxima incomprensión de las situaciones, somos cuidados. En el misterio y el amor, somos protegidos.

Solo desde esta perspectiva se puede vivir una vida con esperanza. Más allá del aquí y el ahora tan imperfecto, doloroso e injusto. Un mundo que hemos creado a golpe de egoísmo, de ambición y corrupción. Un mundo que se aleja de Dios y de nuestra felicidad.

© narcea, s. a. de ediciones

Cuando se desprecia a Dios, el ser humano cae en el libertinaje. El hombre es un lobo para el hombre. Terminamos matándonos. Solo el amor construye. Y un amor que tampoco nos pertenece. Valga pensar en el amor de dos enamorados. ¿Tienen intención de amarse? ¿Qué han hecho o hacen para amar? Inexplicable de nuevo. Un misterio que nace del mismo amor de Dios. Es más, cuando está fundamentado en él, esa relación es eterna, porque el amor no es enamoramiento. De lo contrario, el peligro son las relaciones de poder donde uno manda y otro obedece. Donde no hay respeto y libertad, sino celos y control. Donde el amor está hueco y sabe a vacío. Donde hay violencia, dominio e imposición.

El amor no es la compañía de un rato. El amor tiene el sello de lo eterno porque hemos nacido del amor para amar. Este es el secreto de toda felicidad. El único que da fundamento a todas las páginas que llevas leídas. El único que te dice quién eres, y, sobre todo, para qué estás aquí. Ninguna vida es casual, ninguna vida es inútil. Todos estamos llamados a construir un mundo más humano, una sociedad más justa, unas relaciones más fraternas. Nadie se puede bajar de ese tren.

Sea más o menos creyente en Dios, quien está motivado para amar ya está en Dios, aunque no lo sepa. Donde hay bien, está Dios. Donde hay bondad, está Dios. Donde hay belleza, está Dios. Nada de eso lo podemos hacer por nuestras fuerzas ni méritos, sino con su ayuda. Él quiere contar con nosotros. A nosotros nos toca saber si queremos dejarlo hacer en nuestra vida. Con él, la felicidad está asegurada.

Lee, relee y piensa lo que se ha argumentado en este punto. Piensa si tienes alguna experiencia, porque la verdad de todo esto es lo que vivimos. No lo que escribimos o decimos. La vida no miente. La experiencia es cierta. Piensa qué hay de verdad en todo esto, y dónde estás tú.

Con los años y la experiencia, una va descubriendo certezas. Esas que no pasan ni el tiempo mueve. De las que no se gastan ni nadie te roba. Y es que todo se va diluyendo en el curso de los años y los días. Hasta una misma. Se observa, y ya no es la misma. Las circunstancias de la vida nos van cambiando. Importante es que no nos vuelvan rudos, intransigentes, despiadados o egoístas. Que en el discurrir de la vida vayamos descubriendo la ternura, la misericordia, la comprensión, la entrega, el silencio, la escucha, la bondad. Que vayamos esponjándonos en humanidad, en calidad de personas. Que cojamos perspectiva de vida y miremos con limpieza de corazón. Limpiar nuestros afectos de indiferencia, de sospechas y de medias verdades.

Limpiar lo que nos aleja de los demás y de nosotros mismos. Sin moralidades alejadas del amor, y centradas en la norma. Limpiar los tapujos, las medias tintas o la hipocresía. Los secretos absurdos que pronto serán informaciones públicas. Limpiarnos de lo que nos aleja de los demás y de uno mismo.

Limpiar nuestros afectos de envidias y rencores. Limpiar nuestro rostro de tristeza y mediocridad. Limpiar nuestras relaciones de indiferencias, desprecios y desentendimientos. Limpiar lo que nos oscurece y hace sombra a los demás.

Solo así seremos transparentes, inocentes, fecundos y alegres. Ahí está el secreto de una vida bien vivida, que sin la ayuda de Dios no conseguimos. Nos guste, nos pese o nos rebelemos, al final del camino nos encontraremos con Él, y las tres preguntas serán ¿Quién eres? ¿Has vivido? ¿Has amado? Tenemos el hoy para darle respuesta.

Terminamos el encuentro. Ha sido una conversación profunda, amena y vital. Mi yo del futuro me reta a vivir en estas claves. A no desperdiciar la vida. Poner el corazón, los afectos, los rostros y las relaciones en manos de Dios. Y confiar en él. No tenemos otra si queremos vivir de verdad. Empezar esa vida verdadera que nunca termina porque Dios siempre nos espera.

Me despido de ella con un fuerte abrazo. Sentido, querido y derramado. La dejo sentada en su sillón leyendo y disfrutando de su soledad habitada.

Salgo de la estancia cerrando suavemente la puerta. Cierro los ojos, tomo aire y miro al frente. El pasillo está iluminado. Las puertas están cerradas. Camino despacio y pensativa. Al avanzar descubro la puerta de entrada, que ahora es salida, al final. Está abierta. El atrevimiento ha terminado. Ahora me toca empezar a seguir buscando. Abrirme al misterio de quién soy.

En este punto me detengo en dos historias interesantes que nos hacen pensar.

Una[5]

«Hubo un momento en el que Moisés tuvo la audacia de preguntar a Dios: "¿cómo te llamas?". Y Dios, amablemente, le dijo que su nombre era YHWH. Con el tiempo, arbitrariamente, hemos añadido una 'a' y una 'e', llegando así a YaHWeH. Sin embargo, tanto los exegetas de la Biblia como los Rabinos han evidenciado que las letras YHWH representan sonidos de respiración o consonantes aspiradas, que se pronuncian sin vocales intercaladas; en realidad suenan como la respiración: YH (inspira), WH (expira). De manera que un recién nacido en su primer llanto, en su primera respiración, pronuncia el nombre de Dios. Se puede pronunciar su nombre con un profundo suspiro, un gemido o un estremecimiento grave y agobiante. Incluso el ateo pronuncia su nombre, sin saber que su propio aliento da un reconocimiento constante a Dios. Asimismo, una persona deja esta tierra con su último aliento, cuando el nombre de Dios ya no llena sus pulmones.

Entonces, cuando no puedo decir nada más, ¿mi respiración está diciendo su nombre? Estar vivo significa que pronuncio su nombre constantemente. Entonces, ¿se escucha más fuerte cuando estoy lo más callado posible?

---

[5] Facebook: Carlos Martínez.

En la tristeza, respiramos profundos suspiros; en la alegría, nuestros pulmones casi parecen estallar; cuando tenemos miedo aguantamos la respiración y necesitamos que nos digan que respiremos lentamente para ayudar a calmarnos; cuando estamos a punto de hacer algo difícil respiramos hondo para encontrar ánimo. Pensándolo bien, respirar es alabarlo, ¡incluso en los momentos más difíciles! Esto es tan hermoso que me lleno de emoción cada vez que comprendo su significado.

Dios ha escogido un nombre que no podemos dejar de pronunciar mientras estamos vivos. Todos nosotros, en cualquier momento y en cualquier lugar, despiertos o dormidos, respiramos con el nombre de Dios en los labios» (Monseñor Giovanni d'Ercole).

Otra

«Éramos un grupo de turistas que hacían una ruta por Turquía. Llegamos al hotel de Estambul. No era el primer hotel donde nos alojábamos, aunque este sería diferente para mí.

Reparto de habitaciones. En mi tarjeta aparece la 217. Mientras siguen distribuyéndolas, me doy cuenta que soy la única que se aloja en la segunda planta. Momento de dispersarnos y buscar habitaciones.

Subo con otros viajeros en el ascensor. Me bajo la primera. Se cierra la puerta y comienza la labor de búsqueda. Los números no están muy ordenados. Al girar el pasillo a la derecha, la encuentro. La habitación de al lado está abierta. Una familia con niños. Se escuchan también en otras habitaciones. Paso la llave por el contacto y se abre la puerta. Percibo una sensación extraña. El olor al entrar es desagradable. Quiero abrir las ventanas, pero no lo consigo. Después de varios intentos me doy cuenta de que no es que sea torpe, sino que están bloqueadas.

Esa noche tocaba colada. Antes de la cena, lavo alguna ropa. Se queda un olor diferente en la habitación. Cuando regreso, el olor ha vuelto, y siento una sensación de frío. Me arropo al acostarme, aunque en la calle el calor ha sido manifiesto en el paseo, que hemos dado.

Por la mañana, el olor continúa. No le quiero dar mayor importancia, pero en cuanto baje a la recepción gestiono para que me abran las ventanas. Después del desayuno, con la ayuda de la guía, porque yo turco no sé, solicito que me abran la ventana. Me entregan un papel para que autorice el que las abran. Solicito una explicación porque no veo necesario tener que pedirlo por escrito. La respuesta me sorprende, pero no me afecta demasiado. En esa habitación sucedió una desgracia. No me dan muchas más explicaciones. Quedan pendientes de abrir ventanas.

Al regreso por la noche, encuentro una llave puesta en el cajetín de la luz, y todas las luces encendidas. Pensé que la limpiadora se había olvidado la llave, aunque esa mañana me pareció que llevaba otro tipo de tarjeta. El frío lo percibo con más intensidad.

Las ventanas siguen cerradas. Bajo a la recepción después de la cena, y en inglés me hago entender con la recepcionista. Subirán en seguida a abrirlas. Después que la persona de mantenimiento las abre, me invade una sensación extraña. Sin querer dar mayor importancia, me voy a dar una vuelta. Al regresar, me doy cuenta que en las habitaciones de al lado ya no hay turistas. Estoy sola. Al volver, con ventana abierta y todo, el olor sigue, y el frio continua. Esa noche decidí cambiar del lugar de la cama. Quería cargar el móvil, y mejor ponerme al lado de la mesita de noche, para cuando llamaran de recepción no tuviera que levantarme rápido como había sucedido esa mañana.

Al echar la ropa hacia atrás, la sabana de abajo presentaba un aspecto como si alguien acabase de levantarse de allí. Me quedé un poco pensativa, pero no quise darle mayor importancia. Me di una ducha rápida, y me acosté. No conseguía dormirme. Me dolían los pies de la caminata de todo el día. Me levanté a buscar una crema. Para no embadurnar mi anillo de votos perpetuos, lo coloqué en la mesita. Con la luz apagada, escuche el click en el cristal al ponerlo. Coloqué la crema al lado, después de usarla.

Me invadió una sensación rara. Los sueños de esa noche fueron particulares. Me desperté sobresaltada cuando llamaron de recepción. Me había pasado la noche flotando, poseída por un espíritu que me llevaba por unas instancias de una casa, donde la gente me decía que estaba dominada por un espíritu pero que no me preocupase. Yo notaba ese espíritu, pero ni lo veía, ni me dominaba.

Fui a ducharme para quitarme esa sensación tan agobiante. Mientras lo hacía, tenía la sensación de que alguien me observaba. Salí rápido, y como la mañana anterior, me puse a rezar un rato. Acababa de sentarme, cuando caí en la cuenta que no me había colocado mi anillo. En el momento que me levanté tuve un mal presentimiento. Y me dije: ¡verás que no está! Así fue. Miré por todos sitios. La mesita era una tabla incrustada en la pared. Debajo no había caído. Miré debajo de la cama, y nada. Entonces, empecé a sentir un gran malestar y una gran sensación de indefensión.

El anillo de mis votos perpetuos, tiene un gran simbolismo, además de la sacralidad que transmite. Para mí es lo más valioso y significativo. Un signo de compromiso, protección y vida. Había desaparecido. Intenté relajarme y pensar. Pero, por otra parte, experimentaba que allí había alguien o algo. Así que, con mayor motivo, me decidí a rezar. De la habitación estaba segura que no había salido.

Esperé a la guía y le conté lo sucedido. Volvimos a la recepción e informamos. Solicité un cambio de habitación aconsejada por un miembro del grupo, que me explicó que, si salía de la habitación, probablemente aparecería mi anillo. Posiblemente había ocupado el espacio de "alguien".

Aquel día lo pasé con una sensación difícil de describir. Entre la desesperación, el agobio y la tristeza, pero ninguna de esas emociones era mía. Algo así como que alguien que está en esas condiciones me las trasladara. Me distraje con todas las visitas.

Por la tarde noche, de vuelta al hotel, me dieron llave de la nueva habitación. Y me informaron que encontraron mi anillo. Aquí viene lo más curioso y misterioso. Habían revuelto toda la habitación. Lo habían encontrado en el rodapié debajo de la mesita, encajado en un hueco. No había mucho que decir. Desde entonces sigo rezando por lo qué o quién hubiera en esa habitación».

....

ᘓ UNA PINCELADA DE FE ᘓ

«Pero Jesús tomándolo de la mano, lo levantó y él se puso en pie. Cuando Jesús entró en casa, le preguntaron en privado sus discípulos. "¿Por qué nosotros no pudimos expulsarlo?". Les respondió: "Esta clase con nada puede ser arrojada, si no es con la oración"»
(Mc9,27-29).

No todo lo que nos rodea es explicable, demostrable o cuantificable. Vivimos envueltos en misterio, en acontecimientos que nos desbordan y no sabemos explicar. Nos rebelamos ante lo que no conocemos, pero no podemos o no deberíamos negarlo. Hay experiencias que no entran en nuestros cálculos. Hay muchas situaciones que no conocemos, no controlamos y ante las que nos podemos sentir indefensos. Acontecimientos más o menos paranormales, y también cotidianos. Experiencias en las que nos sentimos vulnerables y necesitados de Dios y de los demás. El mejor antídoto es la oración. Poner todo en manos de Dios, sabiendo y creyendo que no falla. Nos acompaña, nos cuida y protege. Solo en él lo podemos todo.

La fe es respuesta, aunque nos resistamos o pretendamos infravalorarla. Nos empuja y nos ayuda a seguir, a crecer y a vivir. Solo Dios, basta.

* Cuestiones *

✦ *Podrías describir algún acontecimiento donde hayas percibido la importancia de la fe.*

✦ *¿La consideras necesaria o prescindible? ¿Por qué?*

✦ *¿Vives desde una perspectiva de fe? ¿En qué lo notas?*

MIS NOTAS

VOLVER A EMPEZAR

Si has llegado al final, no creas que esto se ha acabado. Muy al contrario. Acabas de comenzar. Esta experiencia te llevará toda la vida. Y puedes volver una vez y otra a releer, reflexionar y proponerte nuevas metas. La búsqueda es un proceso. No se da nunca por concluida. Somos buscadores innatos. Un encuentro nos lleva a una nueva búsqueda, y toda búsqueda es motor de encuentros.

Sin desánimo y con la inquietud latente, estamos llamados a generar preguntas y promover encuentros. Abrirnos al misterio sin miedos, y con el corazón apasionado.

El ser humano es un incansable caminante en búsqueda de respuestas. Los interrogantes lo rodean. Un ser pensante que se cuestiona, se supera y evoluciona. No estamos nunca en el mismo punto, ni en los individual, ni en lo colectivo.

Nuestra vida es un devenir de situaciones, acontecimientos, relaciones, experiencias, teñidas de distintos colores, con luces y sombras. Cuando una va acumulando años, también lo hace de perspectivas de vida. Tener historia es signo de aprendizajes, de equivocaciones y aciertos.

Es importante hacer balance para descubrir que no somos los mismos que empezamos. El camino nos ha ido curtiendo. Las heridas han ido cicatrizando, y una parte de nosotros se fue quedando en lo vivido.

Estas páginas han querido ser un intento de recoger en palabras lo que la vida nos puede ir enseñando. Y quizá aún con imperfecciones. Siempre abiertos a nuevos aprendizajes. En una eterna peregrinación hacia lo absoluto, hacia la verdadera respuesta que acabará con nuestros interrogantes y nuestras búsquedas. En el regreso al seno del que partimos y al que volveremos porque: «*Nos creaste para ti y nuestro corazón andará siempre inquieto mientras no descanse en ti*»[1].

Tarde o temprano
Te has de encontrar.
No sigas siendo un extraño
en tu heredad.
Vuélcate sobre ti mismo,
Abierto de par en par.
Solo el que sabe enfrentarse
descubrirá la verdad.
Solamente el que se acepta
acogerá a los demás.
Solo encuentra al Dios oculto
el que se sabe buscar.
(P. Casaldáliga)[2]

---

[1] San Agustín, *Las Confesiones*, San Pablo, Madrid 2011, 71.
[2] https://www.servicioskoinonia.org/Casaldaliga/poesia/tiempoespera.htm

Agradecimientos

Este libro nace del conocimiento, de la experiencia y de la observación. Se ha ido gestando en las relaciones, el estudio y, los buenos y malos momentos vividos.

Empiezo agradeciendo a Conchi, compañera de Facultad de Psicología y amiga desde hace más de tres décadas, su prólogo. Palabras llenas de conocimiento y de cariño.

A Mari Carmen Mérida, aliada, con lo que comparto vocación, amor virginal a Jesucristo y un profundo cariño desde mis inicios en el Instituto Secular Alianza en Jesús por María, por su dedicación para leer y revisar el contenido de este libro.

A mi familia que ha sido cimiento de lo que soy y tengo.

A Javier Barragán, compañero de la Facultad de Teología y amigo desde hace unos años, con el que he tenido conversaciones profundas llenas de confianza y comprensión.

A las personas con las que he hecho camino de vida en momentos difíciles y circunstancias contrarias. David, Santiago, Alfredo, Nieves, Julián, José Luis y muchos y muchas más. Habéis y sois grandes maestros para mí.

A las personas más cercanas y con los que cuento incondicionalmente. Carolina y Álvaro, Josefa, José Manuel y José Antonio. A las que estuvieron y decidieron marcharse. A las que están un poco más en la distancia.

A las que nos conocemos desde hace poco, pero hemos vivido mucho. Encarnita y Conchi, que han sabido observar y acoger mi sensibilidad, mi forma de ver las relaciones y la realidad. A Juliana por su generosidad, disponibilidad y cariño.

A las personas con discapacidad, privadas de libertad, en riesgo de exclusión social, universitarios y, actualmente, a mis alumnos del Colegio Sagrada Familia. Una variedad de ambientes y personas de las que he aprendido y sigo aprendiendo.

A quienes quise y me quisieron. A quienes formaron parte de mi crecimiento vocacional y ya gozan del Cielo. Prudencia y Nicolás.

En toda esta madeja de relaciones se han ido tejiendo palabras, frases y un texto que ahora presento con gratitud y mucha gratuidad.

BIBLIOGRAFIA

ALVEAR, J.M., *Emociones. Escucho a mi corazón*, PPC, Madrid 2007.

BENEDICTO XVI. Carta encíclica *Deus caritas est*, Edibesa, Madrid 2006.

Biblia de Jerusalén. Desclée De Brouwer, Bilbao 2009.

BUBER, M., *Yo y Tú*, Herder. Barcelona 2020.

BUCAY, J., *Déjame que te cuente*, Círculo de Lectores, Barcelona 2002.

CANO CABILDO, S, Sentido arendtiano de la "banalidad del mal", Horizonte, v. 3, n. 5, 101-130, 2º sem. Belo Horizonte, 2004.

CENIT MOLINA, E., *El Castillo Interior o las Moradas de Santa Teresa de Jesús*, Autoedición, Granada 2015.

DE MELLO, A., *El canto del pájaro*, Sal Terrae, Santander 1996.

DE MELLO, A., *La oración de la rana I*, Sal Terrae, Santander 1988.

DE OLIVEIRA, I. Y MEIRELES, M., *Dinámicas e historias*, Paulinas, Madrid 2005.

MORENO HERNÁNDEZ, A., *Cultura grecolatina: Roma I*, UNED, Madrid 2023.

PAPA FRANCISCO, *Encíclica Lumen fidei*, San Pablo, Madrid 2013.

ROMERO HIDALGO, M. V., *Aprendiz de mí*, San Pablo, Madrid 2021.

Santa Teresa de Jesús, *El libro de la vida*, Editorial de Espiritualidad, Madrid 2012.

WEBGRAFÍA

https://dle.rae.es/buscar

https://www.milenio.com/opinion/irene-vallejo/arrecife-con-sirena/zona-de-sombra

https://press.vatican.va/content/salastampa/es/bollettino/pubblico/2024/04/08/080424c.html

https://prodavinci.com/socrates-sobre-la-maxima-conocete-a-ti-mismo/

https://www.servicioskoinonia.org/Casaldaliga/poesia/tiempoespera.htm

https://teresavila.com/poema/1-vivo-sin-vivir-en-mi/

https://www.vatican.va/content/john-paul-ii/es/audiences/1979/documents/hf_jp-ii_aud_19790919.html

https://www.vaticannews.va/es/papa/news/2023-08/papa-francisco-discurso-vigilia-jovenes-jmj-parque-tejo-2023.html

https://www.youtube.com/watch?v=k9miPZ9vAPU&ab_channel=Enticonf% C3%ADo

REDES SOCIALES

Facebook. Carlos Martínez

X. @siglodos

Claudia Ferrero (©Derechos Reservados©)
@bellasletrasbyclaudia
https://www.facebook.com/bellasletrasbyclaudia

Colección espiritualidad
Títulos publicados

ALBAR, L.: *Descenso a las profundidades de Dios.*

ALEGRE, J.: *La luz del silencio, camino de tu paz.*

ÁLVAREZ, E. y P.: *Te ruego que me dispenses.*

AMEZCUA, C. y GARCÍA, S.: *Oír el silencio.*

ANGELINI, G.: *Los frutos del Espíritu.*

ASI, E.: *El rostro humano de Dios.*

AVENDAÑO, J.M.ª: *Dios viene a nuestro encuentro.*

– *En tus manos. Acompañar en la enfermedad y preparar una buena muerte.*

– *La fe es sencilla.*

– *La hermosura de lo pequeño.*

BALLESTER, M.: *Hijos del viento.*

BEA, E.: *Maria Skobtsov. Madre espiritual y víctima del holocausto.*

BEESING, M.ª y otros: *El eneagrama.*

BIANCHI, E.: *Otra forma de vivir.*

BOADA, J.: *Fijos los ojos en Jesús.*

– *Mi única nostalgia.*

– *Peregrino del silencio.*

BOHIGUES, R.: *Una forma de estar en el mundo: Contemplación.*

BOSCIONE, F.: *Los gestos de Jesús. La comunicación no verbal en los Evangelios.*

BUCCELLATO, G.: *Tú eres importante para mí.*

CÀNOPI, A. M.: *¿Has dicho esto por nosotros?*

– y BALSAMO, B.: *Amor, susurro de una brisa suave.*

CARAMORE, G.: *A Dios nunca lo ha visto nadie*

CHÉNO, R.: *Al final del silencio.*

CHENU, B.: *Los discípulos de Emaús.*

CLÉMENT, O.: *Dios es simpatía.*

– *El rostro interior.*

– *Unidos en la oración.*

CUCCI, G.: *El sabor de la vida. La dimensión corporal de la experiencia espiritual.*

DANIEL-ANGE: *La plenitud de todo: el amor.*

DELFIEUX, Hno. P.-M.: *Un camino monástico en la ciudad.*

DOMEK, J.: *Respuestas que liberan.*

DEWANDELER, R.: *Espiritualidad de la duda.*

EIZAGUIRRE, J.: *Una vida sobria, honrada y religiosa.*

ESTRADÉ, M.: *Shalom Miriam.*

FERDER, F.: *Palabras hechas amistad.*

FERNÁNDEZ ARRIETA, J.Á.: *En tu presencia. Oración, consciencia y meditación*

FERNÁNDEZ BARBERÁ, C.: *La fuente que mana y corre.*

FERNÁNDEZ-PANIAGUA, J.: *Las Bienaventuranzas, una brújula para encontrar el norte.*

– *El lenguaje del amor.*

FLECHA ANDRÉS, J.R.: *De camino con María.*

FORTE, B.: *La vida como vocación.*

FRANÇOIS, G. y PITAUD, B.: *El bello escándalo de la caridad. La misericordia según Madeleine Delbrêl.*

GAGO, J.L.: *Gracias, la última palabra.*

GALILEA, S.: *Tentación y discernimiento.*

– *Fascinados por su fulgor.*

GHIDELLI, C.: *Quien busca la sabiduría, la encuentra.*

GÓMEZ, C. (ed.): *El compromiso que nace de la fe.*

GÓMEZ MOLLEDA, M.ªD.: *Cristianos en la sociedad laica.*

– *Pedro Poveda, hombre de Dios.*

– *Pedro Poveda y nosotros.*

GRÁNDEZ, R. M.: *Tú eres mi canto, Jesús.*

GRÜN, A.: *Buscar a Jesús en lo cotidiano.*

– *Evangelio y psicología profunda.*

– *La mitad de la vida como tarea espiritual.*

– *La oración como encuentro.*

– *La salud como tarea espiritual.*

– *La vida no es solo para el fin de semana.*

– *Nuestras propias sombras.*

– *Nuestro Dios cercano.*

– *Si aceptas perdonarte, perdonarás.*

– *Su amor sobre nosotros.*

– *Una espiritualidad desde abajo.*

GUTIÉRREZ, A.: Citados para un encuentro.

HANNAN, P.: Tú me sondeas.
HEYES, Z.: En casa conmigo y con Dios.

IZUZQUIZA, D.: Rincones de la ciudad.

JÄGER, W.: Contemplación.
– En busca del sentido de la vida.
– Un camino espiritual.
JOHN DE TAIZÉ: El Padrenuestro. Un itinerario bíblico.
– La novedad y el Espíritu.
JOSSUA, J. P.: La condición del testigo.
JONQUIÈRES, G.: Fitness espiritual.

KAUFMANN, C. y MARÍN, R.: El amor tiene nombre.

LAFRANCE, J.: Cuando oréis decid: Padre.
– El poder de la oración.
– El Rosario.
– En oración con María, la madre de Jesús.
– La oración del corazón.
– Ora a tu Padre.
LECLERC DU SABLON, J.: Vivir al estilo de Jesús.
LAMBERTENGHI, G.: La oración, medicina del alma y del cuerpo.
LÉCU, A.; Has cubierto mi desnudez.
LÉCU, A., PONSOT, H. y CANDIARD, A.: Retiros en la ciudad.
LOEW, J.: En la escuela de los grandes orantes.
LÓPEZ BAEZA, A.: La oración, aventura apasionante.
LÓPEZ VILLANUEVA, M.: La voz, el amigo y el fuego.
LOUF, A.: A merced de su gracia.
– El Espíritu ora en nosotros.
– Escuela de contemplación.
– Mi vida en tus manos.
LUTHE, H. y HICKEY, M.: Dios nos quiere alegres.

MANCINI, C.: Como un amigo habla a otro amigo.
– Escuchar entre las voces una.
– Libres y alegres en el Señor.

MARIO DE CRISTO: Dios habla en la soledad.
MARTÍN, F.: Rezar hoy.
MARTÍN VELASCO, J.: Testigos de la experiencia de la fe.
– Vivir la fe a la intemperie.
MARTÍNEZ LOZANO, E.: ¿Dios hoy?
– Donde están las raíces.
– El gozo de ser persona.
– Nuestra cara oculta. Integración de la sombra y unificación personal.
MARTÍNEZ MORENO, I.: Guía para el camino espiritual.
MARTÍNEZ OCAÑA, E.: Buscadores de felicidad.
– Cuerpo espiritual.
– Cuando la Palabra se hace cuerpo, en cuerpo de mujer.
– Es tarde, pero es nuestra hora.
– Espiritualidad para un mundo en emergencia.
– Te llevo en mis entrañas dibujada.
MARTINI, C.M.: Cambiar el corazón.
– La llamada de Jesús.
MATTA EL MESKIN: Consejos para la oración.
MERLOTTI, G.: El aroma de Dios.
MOLLÁ LLÁCER, D.: De acompañante a acompañante.
MOLADA PRADAS, B.: Viaje al interior del corazón. Palabras clave en el camino espiritual.
MONARI, L.: La libertad cristiana, don y tarea.
MONJE DE LA IGLESIA DE ORIENTE: Amor sin límites.
MORENO DE BUENAFUENTE, A.: A la mesa del Maestro.
– A pie por el Evangelio.
– Alcanzado por la misericordia.
– Amor saca amor.
– Buscando mis amores.
– Como bálsamo en la herida.
– Desiertos.
– Eucaristía.
– Gotas de agua en sequedal.
– Habitados por la palabra.
– Palabras entrañables.
– Te hablaré al corazón.

– *Voy contigo. Acompañamiento.*
– *Voz arrodillada.*
MOROSI, E.: *¿Cuánto falta para que amanezca?*

NEVES, A: *La luz que nos ilumina.*

OSORO, C.: *Cartas desde la fe.*
– *Siguiendo las huellas de Pedro Poveda.*

PACOT, S.: *Evangelizar lo profundo del corazón.*
– *¡Vuelve a la vida!*
PAGLIA, V.: *De la compasión al compromiso.*
PÉREZ PIÑERO, R.: *Nos mereció el amor.*
PÉREZ PRIETO, V.: *Con cuerdas de ternura.*
PLEKON, M.: *El mundo como sacramento. Un camino ecuménico hacia una espiritualidad global.*
POVEDA, P.: *Amigos fuertes de Dios.*
– *Vivir como los primeros cristianos.*

RAGUIN, Y.: *Plenitud y vacío. El camino zen y Cristo.*
RAVASI, G.: *Epifanía de un misterio.*
RECONDO, J.Mª.: *La esperanza es un camino.*
RIDRUEJO, B.Mª: *La llevaré al silencio.*
RODENAS, E.: *Thomas Merton, el hombre y su vida interior.*
RODRÍGUEZ MARADIAGA, O.A.: *Sin ética no hay desarrollo.*
ROMERO HIDALGO, MªV.: *Atrévete a buscar.*
RUNCORN, D.: *Nuestras lágrimas. Un lenguaje olvidado.*
RUPP, J.: *Dios compañero en la danza de la vida.*
– *La taza de nuestra vida.*

SAINT-ARNAUD, J.-G.: *¿Dónde me quieres llevar, Señor?*
SAMMARTANO, N.: *Nosotros somos testigos.*

SAOÛT, Y.: *Fui extranjero y me acogiste.*
SARTHOU-LAJUS, N.: *El gesto de trasmitir.*
SCARAFFIA, L. (Ed.).: *Las otras misericordias.*
SCARLATA, M.W.: *Un nuevo Sabbat. La belleza del ritmo de Dios para la era digital.*
SEGOVIA, M.ª J.: *La gracia de hoy.*
SEQUERI, P.A.: *Sacramentos, signos de gracia.*
SMITH, C.: *El camino de la paradoja. La vida espiritual según el Maestro Eckhart.*
SOLER, J.M.: *Kyrie. El rostro de Dios amor.*
STUTZ, P.: *Las raíces de mi vida.*

TEIXEIRA, V.A.: *Por los senderos del Misterio. Rasgos antropológicos y retos contemporáneos de la espiritualidad*
TEPEDINO, A.M.ª: *Las discípulas de Jesús.*
TOLENTINO, J.: *El hipopótamo de Dios.*
TOLÍN, A.: *De la montaña al llano.*
– *Seguirle por el camino con Simón Pedro.*
TRIVIÑO, M.ªV.: *La oración de intercesión.*

URBIETA, J.R.: *Treinta gotas de Evangelio.*

VAL, M.ªT.: *Orantes desde el amanecer.*
VALLEJO, V.: *Coaching y espiritualidad.*
VEGA, M.: *Contemplación y Psicología.*
VILAR, E.: *Dios te necesita para vivir en intimidad contigo.*
– *La misericordia de Dios sana.*
– *La oración de contemplación en la vida normal de un cristiano.*

WELCH, S.: *Conscientes y atentos.*
WIEDERKEHR, M.: *Las siete pausas sagradas.*
WOLF, N.: *Siete pilares para la felicidad.*
WONS, K.: *Sanar el corazón.*

ZUERCHER, S.: *La espiritualidad del eneagrama.*